Franz Janson

Einsweilige Antwort auf die vorläufige Beleuchtung

des an seine kurfürstliche Gnaden zu Mainz in Betref der Embser Punkten

von seiner fürstlichen Gnaden zu Speier erlassenen Antwortschreibens

Franz Janson

Einsweilige Antwort auf die vorläufige Beleuchtung
des an seine kurfürstliche Gnaden zu Mainz in Betref der Embser Punkten von seiner fürstlichen Gnaden zu Speier erlassenen Antwortschreibens

ISBN/EAN: 9783743692299

Hergestellt in Europa, USA, Kanada, Australien, Japan

Cover: Foto ©ninafisch / pixelio.de

Weitere Bücher finden Sie auf **www.hansebooks.com**

Einsweilige Antwort

auf die

vorläufige Beleuchtung

des

an Seine kurfürstliche Gnaden zu Mainz

in Betref der Embser Punkten

von

Seiner fürstlichen Gnaden zu Speier

erlassenen

Antwortschreibens.

An den

Ehre liebenden Leser!

Der Schleichweg, welcher zu Ausstreuung auswärts benannter vorläufigen Beleuchtung im ganzen Deutschlande eingeschlagen worden, gibt ein untrügliches Merkmal, daß ein im dunkeln vereinbarter Plan geleget worden, statt erheblichen Gründen, Lästerungen vorzutragen.

Der im Verborgenen sich haltende Beleuchter kann nur ein solcher Mann seyn, dessen böses Herz sich schon mehrmals ausgezeichnet, und ihm einen allgemeinen Verdacht und Ahndung zugezogen hat, nunmehro aber sich auf seine neue Heimat und Schutzort zu steifen suchet.

In die nämliche Reihe gehören seine etwaige Mithelfer oder eigentliche Stifter dieser Schandschrift, und man kann billig mit Meißner in der Literatur- und Völkerkunde vom

November 1786. Seite 374. sagen, daß man wohl zusehen müsse, ob die Hand, die uns etwas darbeut, auch an dem Leibe eines ehrlichen Mannes sich befinde? welches hier richtig eintrift, da an die Stelle einer gründlichen Widerlegung, Schmähungen untergeschoben, und Unwahrheiten unterstellet worden. Der Leser wird sich nach Durchsehung folgender Blätter davon überzeugen, und die unedle Vögel aus ihrem Gesange errathen.

§. I,

§. I.

Nichts ist heut gemeiner, als daß ungenannte und das Licht scheuende Brochürschreiber sich die zügellosesten Ausfälle auf Hohe und Niedere erlauben, das Publikum mit Lügen, Verdrehungen, Verläumdungen und Lästerungen zu täuschen suchen, und zufrieden mit jenem: *calumniare audacter, semper aliquid hæret*, in der Finsterniß, welche sie decket, der verdienten Ahndung lachen. Unter diese Klasse gehört jener, welcher jüngst eine so betitelte vorläufige Beleuchtung des hochfürstlich speierischen Antwortschreibens an Seine kurfürstliche Gnaden zu Mainz in Betref der Embser Punkten, dem Drucke übergeben hat. Daß seine vorzügliche Absicht sey, Seine fürstliche Gnaden, weil sie nicht in allen Stücken gleiche Meinung mit den Embser Punkten hegen, mit

A 3   fal-

falschen auch von noch so entfernten Zeiten her
entlehnten Inzichten zu verkleinern, verräth er nur
zu deutlich: und da Seine fürstliche Gnaden von
so vielen, sehr verschiedenen, hohen, höchsten, ja
allerhöchsten Orten her, den ruhmvollsten Beyfall
über die in ihrem Antwortschreiben herrschenden
Grundsätze erhalten haben; so verdiente die oben-
benannte **Charteque**, gleich andern ihres gleichen,
die auf eine Insektenart sich so vervielfältigen, vielmehr Verachtung, als nur die geringste Widerlegung. Unterdessen da durch einige Stellen derselben das Publikum irre geführet werden könnte;
so will man ihr nur folgende Bemerkungen entgegen setzen.

§. 2.

Seiner fürstlichen Gnaden zu Speier wurden,
wie andern Herren Bischöfen Deutschlandes auf
ausdrückliche kaiserliche Weisung, die Embser Punkten mitgetheilet, um hierüber ihre Meinung zu äu-
ßern. Sie glaubten sich verbunden, es nach ihrer
Ueberzeugung und ohne Rückhalt thun zu müssen,
und erklärten anbei am Schlusse ihres Antwortschreibens an Seine kurfürstliche Gnaden zu Mainz
ausdrücklich, daß sie andern ihre Meinung ebenfalls
gern überließen. Es ist auch, nach eingezogener
zuverläßigen Nachricht grundfalsch, daß sie jemals
gedacht haben, sich an die Spitze der deutschen Bischöfe

schöfe zu stellen, und' unter diesen eine Confödera-
zion zu Gunsten des römischen Hofs zu stiften. Es
ist eine Verleumbung, daß sie *NB.* alle Ansprüche
dieses Hofes jemals zu unterstützen gedacht hätten,
das Gegentheil bewähren mehrere Schreiben an verschiedene Herren Bischöfe und Seine kurfürstlichen
Gnaden zu Mainz selbst, worinn sie ausdrücklich
ihre Gesinnungen dahin geäußert haben, daß sie die
bischöflichen Gerechtsame, wenn ihnen ein wahrer
Eingrif geschehen sollte, gegen jedermann, so viel
in ihren Kräften wäre, vertheidigen würden. Daß
der berüchtigte **Weißmann**, wie er hier genennt
wird, ein von Seiner fürstlichen Gnaden bezahlter
Schriftsteller sey, ist eine ganz unverschämte und
derbe Lüge des Beleuchters; es ist so gar, wie ich
sicher weiß, auch grundfalsch, daß er auf fürstlich
speierische Veranlassung, Auftrag, oder auch nur
Wissen seine Bemerkungen geschrieben habe, im
Gegentheil hat man lange nicht seinen Namen ge-
wußt, diesem ungeachtet soll dieser Weißmann ein
bezahlter Wiederhall der fürstlich speierischen Grundsätzen seyn. Eine so keck und verleumberische Unwahrheit, die sogar ohne Scheu und Scham dahin
geschrieben wird, bezeichnet schon den Karakter des
Beleuchters vollkommen. Den Einsichten Seiner
kurfürstlichen Gnaden zu Mainz und der übrigen
Herren Erzbischöfen läßt man übrigens alle Gerechtigkeit wiederfahren, und es ist sehr widersinnig,

wenn

wenn der Beleuchter es für auffallend oder gar ver-
kleinerlich für dieselbe ansehen will, daß Seine fürstliche Gnaden in Betref verschiedener Embser Punkten anders denken. Sind nicht die verschiedene Re-
ligionspartheyen eben so in Glaubenssachen, als auch
in wichtigen die Reichsfriedensschlüsse und ihren wahren Sinn betrefenden Punkten verschiedentlich gesin-
net? ist nicht das kurfürstliche Kollegium von dem
fürstlichen in Rücksicht der beiderseitigen Gerechtsame
in vielen Vorwürfen den Meinungen nach getren-
net? ist nicht dieses der tägliche Fall in andern
wichtigen Gegenständen? wie lächerlich wäre es,
hieraus etwas nachtheiliges für die Einsichten des
einen oder des andern Theils schließen zu wollen?
wenn den Bischöfen im Falle eines vorliegenden einseitigen erzbischöflichen Ausspruchs nicht mehr erlaubt
seyn soll, nach ihren Einsichten zu urtheilen; so hat
der Fragensteller über die Frage: Was ist der
Erzbischof? recht, wenn er zu verstehen giebt,
man wolle der abgeschaften päbstlichen eine erzbischöfliche Untrüglichkeit unterschieben.

§. 3.

Der Beleuchter glaubt zwar, die speierische
Einwürfe gegen die Embser Punkten wären durch
die vorläufigen Anmerkungen zu den weißmän-
nischen Bemerkungen ꝛc. 1787. hinlänglich widerlegt. Allein es ist hier dieß Absicht nicht, sich mit

diesen

diesen vorläufigen Anmerkungen abzugeben; der Verfasser derselben hat ebenfalls kein Bedenken genommen, die kurz gerügte grobe Unwahrheit in die Welt hinein zuschreiben, als wenn der Weißmann auf speierische Veranlassung geschrieben hätte, und aus dieser irrigen Vermuthung hat er sich auch grobe Ausfälle gegen Seine fürstliche Gnaden erlaubt: das unpartheyische Publikum wird aus diesen allein schon urtheilen, wessen Geistes Kinder solche Schriftsteller sind. Wie will aber der Beleuchter Seine fürstliche Gnaden zu Speier zu einem und zwar gar nicht geeigneten Rathgeber Seiner kurfürstlichen Gnaden zu Mainz machen? Dieselbe haben nur den einzigen Wunsch geäussert, daß Seine kurfürstliche Gnaden ihr Vikariat in die gesetzmäßigen Schranken zurückweisen möchten. Diese Schranken haben sie in ihrem Antwortschreiben bezeichnet, und wenn Dieselbe dem Verfasser der Beleuchtung zu einem solchen Verlangen nicht geeignet scheinen, so kann man ihn zuverläßig versichern, daß auch andere Bischöfe vorzüglich hierinn Seiner fürstlichen Gnaden zu Speier ihren vollkommenen Beyfall gegeben haben. Dieses wird nun dem Beleuchter, als welchem diese Stelle des speierischen Schreibens vorzüglich ein Dorn in den Augen ist, noch weniger behagen: unterdessen wird er doch diese Bischöfe für geeignet zu einem solchen Verlangen ansehen; in der Hauptsache wird hievon unten noch ein mehreres vorkommen.

A 5 §. 4.

§. 4.

Der Beleuchter erscheint von allen Seiten, ohne einige Schminke in der wahren Gestalt eines offenbahren Pasquillanten, seine Verleumdungsabsichten sind überall kenntbar, und es gilt gleich ob er zu Martinea, zu Issus, zu Elis, oder zu Epidamnuß zu Hause sey.

Der verunstaltete Patriot wird nicht schamroth, selbst einzugestehen, daß seine Gegensätze auf die fürstlich = speierischen Bemerkungen nicht vollständig seyen; dieses ist die einzige Wahrheit, welche ich ihm eingestehen muß, allein es war ihm auch nicht um Wahrheiten, sondern nur lediglich um eine schändliche Pasquill gegen einen Reichsfürsten zu thun.

Den Stof hiezu konnte er nun freilich in dem speierischen Antwortschreiben auf die Embser Punkten nicht finden, er muste also andere — zu den Embser Punkten gar nicht geeignete — Mittel wählen. Diese bestehen darinn, daß er

a.) einige von dem k. Reichskammergerichte noch nicht vollkommen entschiedene Streitsachen anführt, und diesen

b.) den von einem hochwürdigen Domkapitel zu Speier gegen Seine fürstliche Gnaden, als damaligen Domdechant im Jahre 1760. veranlaßten Rechtsstreit beisetzt.   Ich

Ich glaube im Stande zu seyn, beide Gegenstände ganz aufklären, und den Verleumder in seiner scheußlichen Gestalt darstellen zu können. Um aber auch diesen doppelten Zweck zu erreichen, habe ich weiter nichts nöthig, als nur einige kurze und der Wahrheit gemäße Bemerkungen zu machen. Ich kann daher

§. 5.

ad a.) in Betref der angezogenen Heißler- und Schanzenbachischen Urtheilen vom 16. Junius 1787. mit Gewißheit sagen, daß gegen dieselbe das Rechtsmittel der Wiedereinsetzung in den vorigen Stand bereits im Monate Julius nämlichen Jahrs sey eingelegt worden. Mir ist auch nicht verborgen geblieben, daß es in den vorwürfigen Sachen auf die Aufrechthaltung uralter Landesverordnungen, denen sich die muthwilligen Kläger mit unglaublicher Hartnäckigkeit entgegensetzten, ganz allein ankam, und daß durch die vorgefundenen neuen Urkunden die landesherrlichen Verfügungen standhaft gerechtfertiget seyen, welche eigentlich die Vollziehung der Landesgesetze, nicht aber eine Rechtsfrage, oder die daraus zu entscheidende bürgerliche Freiheit unterstellten, mithin keineswegs den — durch einen Rabulisten zur Widersetzlichkeit verhezten — beiden Klägern, einen unwiederbringlichen Nachtheil zufügten.

Zu-

Zuverläßig iſt auch, daß allſchon der eine Re-
ſtitutionslibel zu Wezlar ſich befinde, deſſen innerer
Gehalt von neuen Gründen, und die dabey ins
Klare geſtellte factiſche Unwahrheiten die Aufhebung
der Urtheil vom 16. Junius 1787. ganz zuverläßig
verſprechen.

Sollte denn dem Beleuchter das ſchon lang
eingelegte Rechtsmittel ein Geheimniß verblieben ſeyn?
es iſt nicht zu glauben, und ein redlicher Mann hätte
wenigſtens die Entſcheidung in der Reſtitutionsin-
ſtanz abgewartet; allein hiermit war es dem Verleumder nicht gedient. Man denke ſich die wegen
eines Gebettbuchs entſtandene Widerſetzlichkeit mehrerer rheingauer Unterthanen, und wer wird ihre
Zurechtweiſung in die Unterthanenpflicht eines Sul-
taniſmus beſchuldigen wollen? gleiche Beſchaffen-
heit hatte es mit gedachten beiden Bürgern, die ſich
den uralten Landesgeſetzen, und den zu ihrem Vollzug erlaſſenen landesherrlichen Weiſungen, wider
ihre auf den vorgeweſenen Zweck abgelegten Pflichten, auf das halsſtarrigſte widerſetzten. Uebrigens
wenn kammergerichtliche Erkenntniſſe genug ſind, das
darinn Enthaltene als ungezweifelt aufzuſtellen, ſo er-
innere ſich der Beleuchter, welchem ſonſten das
Vikariat zu Mainz am Herzen liegt, was die kam-
mergerichts Urtheile vom 18. Mai und 20. Juni
1781. ſo unterm Buchſtaben A. und B. *) beiliegen,

von

*) Siehe Beilage A. B.

den demselben in den dahin geeigneten Stellen be-
sagen.

§. 6.

ad b.) Wird jeder unbefangene und redlich
denkende Leser über die Vermessenheit erstaunen, mit
welcher sich der Verfasser der vorläufigen Beleuchtung
gegen sein besseres Wissen und Gewissen erfrechet
hat, Seiner fürstlichen Gnaden zu Speier die schändlichsten Vergehungen anzudichten.

Derselbe kann seine Materialien hierzu aus keinen andern Quellen, als 1.) entweder aus den beim
hochwürdigen Domkapitel zu Speier, oder 2.) bei
dem Metropolitangericht zu Mainz (zu Bruchsal mag
es doch wohl nicht geschehen seyn), vorhandenen Ak-
tenstücken, oder aber 3.) aus den im Publiko erschienenen Druckschriften geholet haben. Er habe
nun aus einer dieser ihm anständigen Quellen (eine
andere gab es nicht) geschöpfet, wo er immer wollte; so wäre es doch Schriftstellers Pflicht gewesen,
eine der vor Augen gelegenen wichtigsten Handlun-
gen nicht zu verschweigen. Allein hierdurch hätte er
seinen Lieblingszweck nicht erreichen, folglich die un-
erfindlichen Schandthaten in die Welt nicht ausspren-
gen, vielweniger aber solche einem Reichsfürsten auf-
bürden können.

Um

Um aber sein böses und gefühlloßes Herz in seiner abendtheuerlichen Gestalt hinzustellen, werde ich aus den im offenen Druck liegenden Schriften die wahre Beschaffenheit in der Kürze vorlegen, und dem lügenhaften Beleuchter seine sträfliche Masque vom Gesichte reißen, zum vorhinaus kann ich ihn versichern, daß das hochwürdige Domkapitel zu Speier ihn als einen der schändlichsten Pasquillanten ebenfalls verabscheuen werde.

§. 7.

Der kurmainzische Hofgerichtsrath und öffentliche Lehrer der Rechte Philipp Waldmann hat in seinen im Jahre 1784. im Druck erlassenen Biographischen Nachrichten von den Rechtslehrern auf der hohen Schule zu Mainz im 18ten Jahrhunderte Seite 45. und folgl. alle wegen erwähntem Rechtsstreit erschienene Deductionen angezeigt, und Seite 47. bemerkt, daß von der, ab Seiten des Herrn Domdechants unter dem Titel: *Fama contra detractiones publicas defensa*, zu Kölln 1766. in Folio im Druck erschienenen Deduction nur wenige Exemplarien *) herausgekommen seyen, weil immittels den 13ten Jänner 1767. die Sache verglichen worden, und der Vergleich selbst in des v. Cra-

---

*) Dem Vernehmen nach hat der damalige Herr Domdechant auf höheres Ansuchen diesen Druck bei dem Publikum nicht allgemein bekannt machen wollen.

Cramers Nebenstunden 68ten Theile 5. Stück
gelesen werden könne.

Zur Beschämung des Beleuchters wird dieser
aus des v. Cramers Nebenstunden in lateinischer und
zugleich nach einer getreuen Uebersetzung gegen über
in deutscher Sprache unterm Buchstaben C.**) bei=
gelegt, damit jeder Leser selbst urtheilen könne, wie
gefährdevoll und schändlich der Beleuchter zu Werke
gegangen sey, indem er nur die damaligen domka=
pitlische Beschuldigungen gegen seinen Herrn Dom=
dechant ausgeschrieben, nicht aber des Herrn Dom=
dechants gegründete Widerlegungen angezogen, am
wenigsten aber des Vergleichs selbst gedacht habe, in
welchem das hochwürdige Domkapitel zu Speier in
dem fünften Artikel eingestehet, daß es zu den Vor=
würfen verleitet worden, und solche gegen
seinen Herrn Domdechanten auf der bösen Sei=
te ausgelegt, nach besser eingesehenen Umstän=
den aber befunden, daß die Sache sich ganz
anderst verhalten habe, mithin dasselbe von
den Vorwürfen abgehe, und seinen Herrn
Domdechant für einen rechtschaffenen, auf=
richtigen und zum Besten der Kirche beflisse=
nen Mann erkenne und contestire, daß es all
jenes, vor dem angefangenen Streit in seinen
Herrn Domdechant gesetzte Vertrauen, nun=
mehr

**) Siehe Beilage C.

mehr aus reiner Zuneigung und aller Wärme
wieder erneuere, nicht zweiflend, der Herr
Domdechant werde für die Zukunft seine zum
Besten der Kirche abzielende Sorgfalt und lob-
würdigen Eifer ferner bethätigen.

Hier liegen die dürre Worte des Vergleichs,
hier gestehet das hochwürdige Domkapitel ein, (*Quod
inductum fuerit*) daß es hintergangen worden
sey, und also von den gemachten Anschuldigungen nicht allein abgehe, sondern auch seinen Herrn Domdechant für einen rechtschaffenen, aufrichtigen, und für das Beste der Kirche besorgten Mann erkenne. Hier muß jeder
Ausdruck genau abgewogen, und jede Thatsache ganz
geprüft, und beherziget werden. Ich frage also:
wie hätte das hochwürdige Domkapitel in dem Vergleiche sagen können, daß es sey hintergangen
worden, wenn es nicht bei kaltem Blut wäre überzeugt gewesen, daß sämtliche Beschuldigungen, welche
in der ersten Hitze ausgestoßen wurden, grundfalsch
seyen? haben nicht die beiden gelehrten und scharf-
sichtigen Herren Sachwalter die ganze Stärke dieses
Ausdrucks *inductum* durchgedacht, und muste sich
nicht der gegentheilige Herr Schriftsteller solchen gefallen lassen? konnte wohl einem dieser Herren damals einfallen, daß nach einem Umlaufe von zwanzig Jahren ein durch Geld oder sonstige Nebenvor-
theile

theile erkaufter Verleumder mit diesen durch einen reichskundigen Vergleich zurückgezogenen Aufbürdungen auftretten werde? wie hätte sich ein hochwürdiges Domkapitel in dem Art. VII. dieses Vergleichs zum Ersatze von 1000 Fl. Auslagen, Schäden und Kösten verstehen, und noch überdieß alle Prozeßkösten bei dem Metropolitangerichte zu Mainz ohne einigen Zuschuß übernehmen können? wie hätte der große Kurfürst Emerich Joseph höchstseliger Gedächtniß den Vergleich so ernstlich betreiben können, wenn nicht Höchstderselbe alle Aufbürdungen als ungegründet aus den Acten erblicket hätte? hier muß ich folgenden Thatumstand einschalten, und kürzlich bemerken. Der Herr Domdechant wollte sich eine geraume Zeit hindurch nicht vergleichen, sondern vielmehr darauf bestehen, daß nach dem Spoliums Ersatze alle Angaben genau untersucht, rechtlich entschieden, und — die seiner bewußten Unschuld entsprechende — hinlängliche Genugthuungen möchten zuerkannt werden. Allein die öftere Schreiben des Herrn Kardinals von Hutten, welche nach den trocknen Worten der Vergleichsurkunde immerhin auf die Bezielung einer gütlichen Uebereinkunft stimmten, machten bei Sr. kurfürstlichen Gnaden Emerich Joseph so starken Eindruck, daß Höchstderselbe ganz durchdrungen von der Unschuld und Rechtschaffenheit des Herrn Domdechants auf einer — und ganz überzeugt von dem Ungrund der Beschuldigungen auf

der

der andern Seite mit seiner weltbekannten Thätigkeit Hand an das Werk legte, und die ganze Sache mit Uebereinstimmung des Herrn Kardinals von Hutten als damaligen Fürstbischofs zu Speier auf einmal zum Vergleich beförderte. Auf diese Art ließ sich endlich der Herr Dombdechant zur Güte bewegen, und mit dem Widerruf des hochwürdigen Domkapitels: daß es nemlich sey hintergangen worden, begnügen.

Dieser Vergleich wurde am 18. Jänner 1767. von dem höchstseligen Kurfürst Emerich Joseph beſtättiget.

§. 8.

Noch nicht genug, ich setze die letzte Frage: mit welchem Gewiſſen hätte das hochwürdige Domkapitel den damaligen Herrn Dombdechant am 29. May. 1770. und zwar auf dem Feſttage des heiligen Reſtitutus einhellig zu seinem Fürſtbiſchofen wählen, und hieburch das letzte Siegel auf den Vergleich drucken können, wenn es nicht immerhin voller Ueberzeugung gewesen wäre, daß alle Anschuldigungen grundfalsch seyen, und daß es also kraft seines theueren Eides, welchen jeder Kapitular auf sich hat, den würdigſten zu seinem Biſchof und Fürſten in der Perſon des Herrn Dombdechants wähle *)? diese Fra-

gen

---

*) Vielleicht werden sich noch einige Herren Kapitularen erinnern, daß sie ihre Stimmen zu dieser Wahl auch in

gen sind dem Beleuchter unauflösbar, und jedem
Ehr und Wahrheit liebenden Weltbürger der vollgü-
tigste Beweis, daß der damalige Herr Domdechant,
und nunmehrige Herr Fürstbischof in allen Punkten
ganz unschuldig gewesen, der Beleuchter aber mit
seinen Konsorten, der größte Schurk, und schänd=
lichste Pasquillant sey. Gegen solche Unmenschen
und Unchristen gibt es wahrhaft keine Ausdrücke,
die stark genug sind, und dennoch werde ich in der
Folge ihn oder dieselbe nur den Beleuchter nennen,
damit ich nicht durch meine ganz unberufene Ver-
theidigung der guten Sache die Erhabenheit verletze,
welche dem Herrn Fürstbischofen von Speier
eigen ist, und damit ich auch nicht das gefühlvolle
Publikum beleidige, welches der Beleuchter, durch pö-
belhafte Ausdrücke, gallsüchtige Anzapfungen, und
niederträchtige — schändliche — reichsgesetzwidrige
Lästerungen gegen den Herrn Fürsten, in seiner bei
den schwärzesten Nächten fabrizirter **Charteque** ver-
achtet hat.

§. 9.

Der Herr Domdechant ist also seit dem Jahre
1760. durch seinen mit dem hochwürdigen Domkapitel zu Speier geführten Prozeß, und durch die bei

B 2　　　　　　dieser

in der Absicht gegeben haben, um ihr Gewissen zu
beruhigen, und ihrem Herrn Domdechant seine Ehre
wieder zu ersetzen.

dieser Gelegenheit erfolgte gänzliche Konkordaten Auf=
klärung in ganz Deutschland auf der rühmlichsten
Seite bekannt geworden.

Dessen zwo Druckschriften von 1762. und 1766.
wovon die erste mit 144. — und die letzte mit 226.
Beilagen, welche gröstentheils domkapitlische Proto=
kolarextracten enthalten, beurkundet ist, beweisen
nur zu deutlich, daß er als Domdechant zu Speier
gar nicht eigennützig gehandelt habe.

Selbst der III. Artikel des Vergleichs entfernet
allen Schein des geringsten Eigennutzes; denn hier
wird ausdrücklich bedungen, daß er in alle gerecht=
same Nutzbarkeiten und Vorzüge, die ihm vor
dem Anfange des Rechtsstreits zukommen, voll=
kommen eingesetzt seyn, und dieselbe seiner Per=
son verbleiben sollen.

Hierunter waren vorzüglich begriffen

a.) Die Kollazion der erledigten Vikarien unter
eigener Unterschrift, und beigesetztem Privatsiegel, wie
solche dann auch Seine kurfürstliche Gnaden zu Trier
Franz Georg höchstseliger Gedächtniß als unmittel=
barer Vorfahrer in dem Domdechanat jederzeit ohne
einigen Widerspruch vergeben haben.

b.) Der Genuß der auf Stadtspeierer Gemar=
kung gelegenen Gütern.

c.) Die

c.) Die Beziehung der Darmſtadter Korngülte.

Alle dieſe Vorzüge, Rechten und Nußbarkeiten gründeten ſich zum Theil auf eine unfürdenkliche Obſervanz, und zum Theil wurden ſie durch Kapitularſchlüße dem Domdechanat einverleibt, ja ſelbſt der jeßige Herr Domdechant genießet ſolche noch bis dieſe Stunde.

Vielleicht ſoll der angebliche **Eigennuß** dadurch erprobet werden, weil der Herr Fürſtbiſchof als Domdechant in einen neuen Kapitelſchluß gutherzig eingewilliget, und ſich alſo lange Jahre hindurch der doppelten Oblegien Porzion großmüthig begeben hat.

Eben ſo wenig kann dem nunmehrigen Herrn Fürſtbiſchofen dieſe ſchändliche Klette eines **Eigennußes** angeworfen werden; denn derſelbe hat bei dem Antritt ſeiner fürſtlichen Regierung nicht einmal **a.)** das ſonſt gewöhnliche Huldigungspräſent, welches über 10/m Fl. betragen hätte, von der Landſchaft angenommen, wohl aber **b.)** dem Waiſenhaus aus ſeinem Privato 4000 Fl. geſchenkt, überdieß **c.)** ſeiner Hofkammer zu einigem Erſaße der Spoliengelder abermals aus ſeinem Privato 12000 Fl. zugewendet, und dennoch **d.)** ſeinen Antheil Spoliengelder mit 3333 Fl. 20 Kr. aus der vorigen Quelle zurückgegeben *) noch nicht genug, ſondern

B 3

dern

---

*) Die vorhandene — zu den einstweiligen fürſtlichen Anmerkungen — über das von dem hochwürdigen Dom-

dern derselbe hat ferner e.) schon vor mehreren Jah=
ren aus seinen eigenthümlichen Mitteln zum Besten
der Armen blos aus Gefühl für die Rechte der Mensch=
heit sehr beträchtliche milde Stiftungen angeordnet,
und hiezu mehr als einmal 100/m Fl. verwendet,
ja sogar f.) nach Zeugniß öffentlicher Druckschriften
die milde Stiftungen folglich abermals die Armen zu
seinen alleinigen Erben bereits eingesetzt. *)

Ueberhaupt muß ich freimüthig bekennen, daß
sich an dem Herrn Fürstbischofen nirgendwo Eigen=
nutz erblicken läßt, und wenn es dem Beleuchter
darum zu thun ist, um zu sehen, ob vielleicht der
Herr Fürstbischof mit seinem Domkapitel eigennützig
zu handeln gewöhnt sey, so kann er nur die in der
vorigen Note angeführten fürstlich=speierischen Anmer=
kungen Seite 21. 2. nachlesen, dort wird er auch
finden, welche ganz besondere Gnaden der Herr Fürst=
bischof seinem Domkapitel habe zufließen lassen.

Um

Domkapitel zu Speier bei der hohen Reichsversamm=
lung Anno 1786. eingereichte Memoriale — unter
den Buchstaben T. U. X. Y. abgedruckte Sedisva=
kanzprotokollen beweisen demungeachtet ganz unläug=
bar, daß Seine fürstliche Gnaden zu Speier als
damaliger Domdechant zu dem übermäßigen Spolien=
ansatze gar nicht mitgewirket haben.

---

*) Keiner der fürstlichen Herren Anverwandten kann
sich eines Kreuzers Werth rühmen, der ihm aus
den

Um dem Beleuchter seine Denkkraft nicht lange mehr anzuspannen, woher doch der Fond könnte genommen werden, und um ihm zugleich den aufgestiegenen Zweifel, ob etwa an der Hofhaltung, oder gar noch an der fürstlichen Dienerschaft abgezwackt würde, muß ich ihm still ins Ohr flistern, daß durchaus eine gesunde Oekonomie, und eine ganz unmerkliche Sparsamkeit herrsche, vorzüglich zu Komödien, Feuerwerk und dergleichen unnützen, üppigen, und die Sinnlichkeit reizenden Anstalten kein dünner Heller verwendet werde, übrigens aber eine ausserordentliche Gastfreiheit von jeher zur Mode geworden, und alles mögliche zur Ehre des Hofs, und zum Glanz der fürstlichen Hofhaltung aufgeboten werde, wohin ich den ansehnlichen Gehalt der Hofcavaliers und jene der ganzen sehr zahlreichen Dienerschaft über 30/m Fl. vermehrte jährliche Besoldungen, die beim Ende jeden Monats richtig ausbezahlt werden, miteinrechne.

Uebrigens darf es auch dem Beleuchter nicht bange seyn, daß sich allenfalls nach dem Absterben des Herrn Fürstbischofs ein Deficit in der Kasse ergeben möchte, im Gegentheil kann ich ihn mit Zuverläßigkeit versichern, daß der künftige Herr Nachfolger das Hochstift in bestem Flor, und das Kammerzahl-

amt

den fürstlichen Kammergefällen jemals zugeflossen wäre, wahrhaft ein seltenes Beyspiel, dessen sich vielleicht der stiftsmäßige Adel in Deutschland kaum ohne Schauder erinnern wird!

amt in den gesegnesten Umständen finden werde.
Hier wird jenes vom Beleuchter zur Unzeit angebrach=
te schmunzeln vielleicht besser anpassen !!!

§. 10.

Ich breche ganz bedächtlich ab, und es ist auch
meine Sache nicht, einen Lobredner des Herrn Fürst=
bischofen zu machen. Genug, ich habe das ganze
Factum getreu vorgelegt, und den Vergleich, soviel
es nöthig war, auszugsweise eingerückt, endlich die
Wahl und die Pflichten der Wählenden beigesetzt;
dieses ist allein vermögend genug, alle Aufbürdun=
gen, welche schon in den belobten Druckschriften kör=
nicht widerlegt sind, zu Boden zu schlagen, und
allenfalls schwachen oder leichtgläubigen Köpfen, wel=
che sich durch die ruchlose Pasquill des Beleuchters
täuschen liessen, die Augen wieder zu öfnen; das
erleuchte Publikum weis dem Beleuchter ohnehin
keinen Dank, sondern wird ihn zu ewigen Tagen
mit Verachtung strafen, und der Herr Fürstbischof
wird seinen ganz genau durchdachten Grundsätzen un=
erschütterlich getreu bleiben.

§. 11.

Bevor ich zur weitern Widerlegung schreite,
will ich nur noch dem Beleuchter seine schwarze That
zu Gemüthe führen, und ihn auf die Reichsgesetze
nemlich auf den Artikel C. C. C. 110. R. J. de
1530.

1530. §. und nachdem de 1541. §. ferner haben wir befunden Ord. Pol. de anno 1548. Tit. 34. §. 2. verweisen, hierinn werden nicht allein die Pasquillanten selbst, sondern auch ihre niederträchtige Helfers Helfer, und wenn auch gleich die Vorwürfe wahr wären, gebrandmarkt. Ja es stimmen alle peinliche Rechtslehrer überein, daß die Strafe gegen solche Pasquillanten noch geschärfet werden müsse, wenn sich solche Leute mit ihren Schandschriften an Personen vom Stande wagen, um so mehr also, wo das Ansehen eines Reichsfürsten bey seinen höchst und hohen Mitständen vermindert, und bei den Unterthanen Meuterei angezettelt werden will. Wenn aber auch solche Schandthaten durch keine Strafgesetze verpönt wären, so würde dennoch jeder gesittete und wohldenkende Mann einen solchen Verleumder auf ewig hassen, der sich immerhin wie eine Nachteule im Verborgenen aufhalten muß, damit er nur nicht vor der ehrbahren Welt kenntbar, und durch die wohlverdiente Strafruthe des kaiserlichen Hoffiskals gezüchtiget werde. Um dieses aber mag es Sr. fürstlichen Gnaden nicht zu thun seyn, und ich habe gegründete Ursachen zu vermuthen, daß höchst Sie die unter der schmähsüchtigen Beleuchtung etwa verborgenen Absichten und die in mehreren Fällen bereits vorhin veranlaßten Verhetzungen, auch ausgebreiteten Pasquillen, wodurch man wahrscheinlicher Weise Verdruß, oder eine Gemüthskrankheit, und also ein

B 5

frühe=

früheres Ableben bewirken wollte, verlachen, großmüthig verachten, und mit dem großen Kurfürsten
zu Trier Franz Georg Graf von Schönborn sagen:
einem solchen Verläumder kann man seine Freu-
de gönnen, da er doch vor dem ehrbaren Publikum das Zeichen eines gebrandmarkten Böse-
wichts öffentlich an der Stirne tragen, und zu
seiner Schande auch nach seinem Tode der
Nachwelt den unauslöschlichen Beweis seines
bösen Herzens liefern muß.

§. 12.

Der Beleuchter macht nun hierauf folgende in
die Kürze gezogene Anmerkungen: a.) Seine fürstliche Gnaden führten nun gegen die Römer, denen
sie ehedem so wichtige Vorwürfe gemacht hätten, eine ganz andere Sprache. b.) Das Mainzer Vikariat, welchem man damals so vieles zu verdanken
gehabt hätte, sey mit vielem Lobe erhoben worden,
nunmehr wolle man solches in die gehörigen Schranken zurückgewiesen haben. c.) Dorten habe man
vorgegeben: Vorstellungen würden zu Rom nicht
helfen, man müsse vielmehr den Pabst zu dem machen, was er nach der göttlichen Anordnung seyn
sollte: jetzt wolle man, da man doch verbunden sey,
die bischöflichen Gerechtsame zu handhaben, dem deutschen Episkopat noch stärkere Fesseln schmieden helfen,
sich an die Spitze einer Konföderation stellen, den

Pabst

Pabst noch größer, die Bischöfe noch kleiner machen. d.) Dieses zeige offenbar, daß man nur nach Privatnutzen handle, und anjetzo außer andern Absichten sich vielleicht zum Erzbischofe über die neue Pfälzerbischöfe hinauf schwingen wolle, oder irgend eine öffentliche oder heimliche Belohnung von dem römischen Hofe zur Absicht habe.

§. 13.

Wie schief diese Bemerkungen des Beleuchters seyn, muß einem jeden unpartheyischen einleuchten, und zwar ad a.) Seine fürstliche Gnaden mißbilligen, wie ich weis, so wie damals also auch jetzt, und werden es immer mißbilligen, wenn die römische Kurie, welches freilich schon geschehen zu seyn niemand läugnen wird, gegen die Rechte der deutschen Kirche Eingriffe wagen will. Dieses haben Dieselbe seit ihrer Regierung dem römischen Hofe selbst auch wiederholter ohne Rückhalt zu bedeuten, kein Bedenken getragen. Als noch jüngst Seine hochfürstliche Gnaden zu Fuld Ihnen einen Fall von einer Berufung nach Rom, welche lediglich eine Disciplinarkorrektion und Pastoralverfügung betroffen hat, zur Nachricht kommen ließen, haben Sie nicht nur diesen Schritt mißbilliget, sondern auch um ihrer Seits die zweckmäßigen Mittel mitvorzukehren, sogleich das dienliche verfüget, aber auch anbei nicht unberührt belassen, daß sie in einem solchen Falle keine Appellation weder nach

Mainz,

Mainz, weder nach Rom gestatten würden. Daß Sie in andern Fällen, die aus dem Natur — und allgemeinen Staatsrecht selbst herfließende Rechtsgründe auch für den apostolischen Stuhl wollen geltend haben, macht Ihrer Denkungsart bei jedem unbefangenen allerdings Ehre, und muß, in so lang man nicht das Recht des Stärkern einzig gelten lassen will, unerschüttert bleiben. Man denke nur: **hodie mihi, cras tibi**, und begünstige nicht selbst Grundsätze, die über kurz oder lang die Urheber treffen möchten. **Ad b.)** Wenn es dem Beleuchter so gar seltsam vorkommen will, daß das Mainzer Vikariat von Seiner fürstlichen Gnaden als Dombechant mit dem gebührenden Lobe sey belegt worden, anjetzo aber gegen dessen Schritte in andern Fällen, welche sie mit ihren ja überhaupt alles Bischöfe Gerechtsamen nicht vereinbarlich zu seyn dafür hielten, die lauteste Beschwerde geführt werden, so denke er nur an die Sprache, welche man zu Mainz in der §. 5. angezogenen Schwarzacher Sache über das kaiserliche Kammergericht, welches doch auch schon in manchen Fällen für Mainz günstig gesprochen, und also dorten ohne Zweifel ist belobet worden, geführet hat. Hier löse er nun sich selbst seine Einwendung auf, ob der Geist der gesetzmäßigen Gerechtigkeit auf einmal von diesem höchsten Reichsgerichte gewichen sey, oder nicht. **Ad c.)** Die von Mainz gemachte bündigen Vorstellungen haben aber doch selbst

nach

nach dem Behaupten des Beleuchters die Wirkung
gehabt, daß, nachdem auch der kaiserliche Hof und
die römischen Kurialisten dem Vorgeben nach von den
eigenen Bischöfen gewonnen waren, die Sache nach
Mainz ist zurückgewiesen worden: wie mag man nun
überhaupt sagen, daß geeignete Vorstellungen zu Rom
nichts wirken? man muß jene Zeiten, wo die übertrie-
benen römischen Grundsätze nicht nur zu Rom schier für
untrüglich gehalten, sondern auch beinahe allgemein
angenommen waren, wo wenigstens so vieles noch nicht
in sein gehöriges Licht gesetzt war, von den unsrigen
sorgfältig unterscheiden. Wie vieles hat sich nicht hierinn seit einem Zeitraume von 20 bis 30 Jahren geändert? und wie viel mehr läßt sich also gegenwärtig eine
gedeihliche Wirkung von triftigen Vorstellungen hoffen, wenn sie nur nicht überspannt werden, und auch
nicht so geartet sind, daß selbst weltliche Landesherren
dagegen Widersprüche einlegen, zu welchen man sie ge-
reizet hat. Daß man den Pabst zu jenem machen solle,
was er kraft der göttlichen Einsetzung seyn solle schließet
jenes nicht aus, daß man ihm auch lassen solle und müsse, was er durch sonstige rechtmäßige Titel, welche aus
dem Natur — Völker — und allgemeinen Staatsrecht ihren Ursprung haben, an sich gebracht hat.
Falsch und eine offenbare Verdrehung ist es, behaupten zu wollen, daß durch die speierische Antwort
nur noch stärkere Fesseln für das deutsche Episkopat
geschmiedet, und die Bischöfe noch kleiner gemacht werden:

den: augenfällig würde der römische Hof manches
verlieren, wenn auch nur der Innhalt dieser Ant=
wort durchgesetzt werden sollte: die Bischöfe hingegen
eben offenbar vieles gewinnen, wenn das mainzische
Vikariat (von andern, da man von ihnen keine Kennt=
niß hat, will man nichts sagen) in seine gehörigen
und in dem speierischen Schreiben ausgezeichneten
Schranken zurückgewiesen würde. Der Beleuchter
wird hier wohl wieder sehr unzufrieden seyn —
Allein vernünftige und tiefer denkende Männer (dem
Beleuchter ist es allemal über seinen Horizont) die
nicht wie Cicerones pro domo sprechen, werden
diese Wahrheiten nicht verkennen. Daß man fürst=
lich = speierischer Seits die bischöflichen unstritti=
gen Gerechtsame gegen jedermann jederzeit zu ver=
fechten gesonnen sey, hat man bereits erinnert: das
nemliche haben zu seiner Zeit Seine fürstliche Gna=
den in Ansehung der Domdechanatsrechten gethan,
folglich bleibt sich Bischof und Domdechant in seinen
Grundsätzen immerhin getreu. Ad d.) Die neuen
Bisthümer in der Pfalz, so wie das Erzbisthum
sind ein Hirngespinnst des Beleuchters. Ein jeder,
der in der Reichs Verfassung nur in etwas kundig ist,
muß einsehen, was ein solches Projekt für Schwie=
rigkeiten habe, und Seine fürstlichen Gnaden zu
Speier sind weit entfernt, auch nur zu etwas, was
dieser Grundverfassung zuwider seyn könnte, die
Hände zu bieten. Andere entweder öffentliche, oder
beim=

heimliche Vortheile gehören eben auch zu solchen Träumereien. Sehr frech aber ist es, was der Beleuchter von dem jederzeit gesuchten Privatnutzen Seiner fürstlichen Gnaden in seiner Charteque zu wiederholen sich getrauet hat. Man kann öffentlich und ungescheuet vor den Augen Deutschlands sagen, daß es wohl wenige Beispiele von Bischöfen geben werde, oder gegeben habe, die so wenig ihren Privatnutzen gesucht haben. Greift man es nicht mit Händen, daß der Nepotismus auch in Deutschland gemeiniglich der Abgott sey, dem man opfert? so verschiedene Stiftungen zu dem Besten der Wittwen, Waisen, Armen, Alterlebten, Kranken, Schulen und armen Schullehrern, welche Ihre fürstliche Gnaden zu Speier meistens aus ihrem Privato errichtet, und welchen sie noch ihre ganze Nachlassenschaft nach ihrem Tode gesagtermaßen bestimmet haben, sind redende Beyspiele, daß sie keineswegs ihren Privatnutzen suchen. Der Beleuchter muß vielmehr von sultanischen Grundsätzen (seinen eigenen Floskel zu gebrauchen) beherrschet werden, wenn er glaubt, nur ein heimlicher Vortheil könne ein wirksamer Beweggrund seyn, daß man, wenn sich günstige Zeitumstände darbieten, dennoch sich nicht entschließen könne, einen andern aus seinem Besitzstande faktisch herauszusetzen: ein redlich denkender thut so etwas nicht, weil er von dem dabei unterlaufenden Unrechte bei sich überzeugt ist. Ohne diese Rücksicht auf die

Um-

Umstände der Zeit, und die in Handen habende Gewalt nutzen wollen, ist mit Erlaubniß des Beleuchtert aufgelegter **Sultanismus.**

§. 14.

Dem Beleuchter und überhaupt allen dessen Konsorten gefällt es gar nicht, daß man speierischer Seits den Weg der Vorstellungen hat wollen eingeschlagen wissen: vielfältige so wohl ältere als neuere Beispiele sollen erweisen, daß er ganz unnütz und ohne alle Wirkung seyn werde. Zum voraus muß man hier wiederholen, was bereits vorhin bemerkt worden, daß man von jenen Zeiten, wo übertriebene Grundsätze beinahe durchgängig herrschten, wo man in dieser Rücksicht anderer Seits noch ziemlich im dunkeln war, wo andere für den römischen Hof ungleich günstigere Verhältnisse in der Mitte lagen, auf die unsrigen, wo sich in allem diesem so vieles geändert hat, keine bündige Anwendung machen könne. Das neueste Beyspiel von der Nuntiatur zu München kann auch hier nicht in Anschlag gebracht werden, indem das dringende Verlangen eines der mächtigsten Reichsstände, und die von daher zu hoffende Unterstützung den Vorstellungen der Herren Erz = und Bischöfen entgegen war. Was aber dieser Hof nun in dieser Sache, wenn dabei die bischöflichen Gerechtsame unverletzt blieben, für Gründe vor sich hatte, wird unten berührt werden. Wenn nun die zu machende

Vor-

Vorstellungen billig, gerecht und nicht überspannt, wenn sie einmüthig sind, welches allerdings sehnlich zu wünschen wäre, wenn sie von weltlichen Landes= herren keinen Widerspruch zu befahren, sondern viel= mehr Unterstützung zu gewärtigen haben; so ist al= lerdings zu hoffen, daß sie die gewünschte Wirkung hervorbringen werden. Unterdessen hat das speieri= sche Antwortschreiben ganz bedächtlich gesagt, daß dieser Weg auch wegen der dem Kirchenhaupt im= mer schuldigen Rücksicht erst vorzüglich zu wählen sey: hiermit hat man sich vorbehalten wollen, daß in dem Falle, wo die so gearteten Vorstellungen nichts fruchten sollten, alle jene Wege noch einzugehen wä= ren, welche alsdann die zweckmäßigste und schicklich= ste, aber auch mit der Gerechtigkeit die vereinbar= lichste seyn möchten. Dem Beleuchter bleibt übri= gens immer jenes entgegen stehen, daß das ganze kurfürstliche Kollegium in der kaiserlichen Wahlkapi= tulation, Artikel 14. §. 5. noch nicht für rathlich gefunden habe, gegen den römischen Hof faktisch zu Werke zu gehen, wie soll also schon gegenwärtig dieser Weg auf das Ansinnen des Embser Kongres= ses ohne weiteres eingeschlagen werden?

§. 15.

Dem Beleuchter und allen seinen Spiesgesellen scheint es wunderlich zu seyn, daß sich ein Bi= schof in Ansehung seiner aus dem göttlichen Rechte

C   her=

herfließenden Gerechtsamen von dem gegentheiligen
Besitzstande sollte abschrecken lassen. Allein es ist noch
mehr zu bewundern, daß alle diese so tief denkende
Herren zwischen dem Recht selbst und dessen Ausübung keinen Unterschied zu machen wissen. Daß
letztere beschränket werden könne, und daß so etwas
dem Willen des göttlichen Stifters der christlichen
Religion nicht zuwider sey, ist nicht dem geringsten
Zweifel unterworfen, wenn man nicht sagen will,
daß hierinn die allgemeine Kirche, da sie wirklich diese Ausübung in allgemeinen Konzilien hie und da
beschränket hat, gefehlet habe. Einem jeden des allgemeinen Staatsrechtskundigen ist es bekannt, daß
es Rechte gebe, welche der Majestät wesentlich und
von derselben unzertrennbar sind, jedoch aber die
Ausübung dieser Rechte durch die besondere Verfassung einzelner Staaten Einschränkungen leide. Die
Bischöfe waren in den ersten Zeiten selbst in Rücksicht
der nur aus einer menschlichen Einrichtung entstan-
denen Metropolitanen, und diese in Rücksicht ihrer
Primaten und Patriarchen, vielmehr als jetzt beschränket, und doch wird der Beleuchter gewißlich nicht behaupten wollen, daß dieses der göttlichen Einsetzung
zuwider gewesen sey. Konnten sie damals zu der
ganz unbeschränkten Macht ihre Diözesen zu regie-
ren gegen ihre Metropolitanen und andere nach den
Grundsätzen des Beleuchters willkührlich und zwar
faktisch zurückgreifen? wenn so etwas durch ausdrückliche

liche Kirchensatzungen, und durch eine den Zeiten,
Umständen, verschiedenen Bedürfnissen, Verhält=
nissen angemessene, von der Kirche oder den
betreffenden Theilen genehmigte Einrichtung ge=
schehen konnte, so kann es durch einen stillschweigen=
den Uebertrag an andere, und durch die mit allen ih=
ren Erfordernissen versehene Observanz, durch an=
dere in dem Natur= allgemeinen Staats= Völker= und
Positivenrecht gutgeheissene Erwerbungstitel gesche=
hen. Alles kömmt nun darauf an, ob so etwas in
der Mitte liege, oder nicht: unrechtmäßigen und
mit diesen Eigenschaften nicht versehenen Anmaßun=
gen, dergleichen jene sind, welche der Beleuchter
anführet, Usurpationen, welche mit der Reichsver=
fassung, den vorliegenden Reichsgesetzen, öffentlichen
Verträgen kontrastiren, wird niemand auch von
weiten das Wort reden wollen. Bischöfe, welche
durch die Reichsgerichte nicht gesichert sind, haben
bereits die Wirkung solcher faktischen Grundsätze er=
fahren, und wer sind sie anjetzo? es möchten aber
auch Zeiten kommen, wo dieser von dem Beleuchter
angerufene Schutz nicht mehr hinreichend genug seyn
könnte, ja wie viele Beeinträchtigungen haben des=
sen ungeachtet auch bei der noch bestehenden jetzigen
Verfassung die Ordinariaten erfahren müssen? ver=
anlasset man nicht, oder vertheidigt man nicht alle
diese Anmaßungen durch Grundsätze, die man gegen
andere aufstellt?

C 2   §. 16.

§. 16.

Daß der Herr Fürſtbiſchof zu Speier die Embſer Punkten bedächtlich geprüfet habe, zeiget das Antwortſchreiben zur Genüge. Der Beleuchter aber hätte aus demſelben erſehen ſollen, daß man nicht allein die Abſchaff= oder Aenderung der Konkordaten, ſondern auch die authentiſche Ausleg= oder Erweiterung der vorliegenden von den Nunziaturen handlenden Reichsgeſetzen, ja ſelbſt die vorläufige Entſcheidung der Fragen, ob ein weltlicher Reichsſtand einen päbſtlichen Nunzius mit Fakultäten, welche der ordentlichen biſchöflichen Gerichtbarkeit nicht entgegenlaufen, in ſein Land aufnehmen, und ob nicht auch ein Landesfürſt, wenn er es dem Wohl ſeiner Unterthanen angemeſſen findet, einem ſolchen Nunzius erlauben könne, daß er die päbſtlichen Reſervaten in ſeinem Lande ausübe, dem Reichstage beigewieſen habe?

Dem Beleuchter muß dieſes zu helle in dem Reichsſyſtem liegen, als daß er es in Zweifel zu ziehen ſich getrauet hätte, er hat es daher mit Stillſchweigen zu übergehen für gut gefunden. Uebrigens iſt es wiederholter eine nur der Frechheit eines Chartequenſchreibers eigne Verleumdung, daß der Herr Fürſtbiſchof Conföderationen zu errichten ſuche, damit dieſe Gegenſtände bei dem Reichstage nicht einmal zur Sprache kommen möchten. Derſelbe hat

ſich

sich vielmehr ausdrücklich vorbehalten, bei dieser hohen Versammlung, so wie es schon mehrere Beyspiele erweisen, seine Meinung blos nach Ueberzeugung ohne Rücksicht auf irgend einen andern abzugeben, muß und will es aber auch andern überlassen, den hiezu reichsgesetzmäßigen Weg einzuleiten.

§. 17.

Die große Bedenklichkeit, die das speierische Antwortschreiben in Betref der weltlichen Landesherren, welche sich die Embser Grundsätze nicht werden aufdringen lassen, gemacht hat, will der Beleuchter durch nichts bedeutende leere Vertröstungen von der Hande weisen. Allein der Satz bleibt ein für allemal unerschüttert, daß die weltlichen Landesherren nicht schuldig sind, sich auf den einseitigen Ausspruch eines Theils nach denjenigen Prinzipien benehmen zu müssen, welche zwischen dem Oberhaupt und den Bischöfen, auch überhaupt unter den Katholicken noch strittig sind, oder zeige doch der Beleuchter und sein Anhang den Grund, aus welchem allenfalls **Zwangsmittel** und welche hier eintreten könnten.

Wann die Gegenstände die Reichsverfassung nicht berühren, als z. B. wann die Frage ist, wer in diesem oder jenem verbotenen Grade die Dispensationen zur Ehe ertheilen könne, so kann dieses auch von dem ganzen Reiche als eine an dasselbige gar

C 3 nicht

nicht geeignete Sache nicht entschieden werden. Die Bestimmung dieser Vorwürfen ist, wie der Beleuchter hier recht sagt, ausser der Sphäre der weltlichen Macht. Aber auch diese muß sich die Entscheidung der Bischöfe, wenn das Oberhaupt selbiger widerspricht, keineswegs gefallen lassen. Sie greift auch hierdurch nicht in das Heiligthum ein, wenn sie die Entscheidung der ganzen Kirche abwarten will, wenn sie unterdessen in der Ausübung die Sache so will belassen haben, wie es der apostolische Stuhl so wohl, als die Bischöfe hergebracht haben. Wer würde nun hier den Grund zu Kollisionen, zur Beschwerung der Unterthanen, zu verschiedenen andern bedenklichen Folgen legen, wenn man in diesen Umständen seine Meinung gegen den Willen des Landesherrn faktisch durchsetzen wollte? die Emser Punktazion hat die zeitherige Fürschritte veranlaßt, und man kann das neuerlich von Seite Kurpfalz angesprochene Placitum territoriale wohl auch als eine Folge derselben ansehen. Sind wohl etwelche Dispensationen, die man erhascht, ein Aequivalent gegen dieses Placitum, und was setzt das bischofliche Ansehen mehr herunter? dieses *Placitum*, oder daß Rom in etwelchen Fällen mehr dispensire? Der Beleuchter und Consorten werden wohl die Leute nicht seyn, welche dieses Placitum mit ihrer ohnmächtigen Chartequenschreiberei so
leicht

leicht hinwegschieben können, man hatte sich ja zuvor gegen die Nunziaturen auf eben dieses Placitum berufen. Es ist für das deutsche Episkopat zu bedauren, daß man so etwas, welches der Herr Fürstbischof von Speier soll vorgesagt haben, nicht noch bei Zeiten durch ein zweckmäßiges Benehmen abgewendet hat. Was der Beleuchter von Beschwerden der deutschen Nation gegen die Konkordaten einschaltet, da selbige, wenn sie wahrhaft gegründet sind, niemand billiget, ist in die Luft geschwätzt. Nun kömmt der Beleuchter auf die Embser Punkten insbesondere,

ad 1. Von den Exemptionen.

§. 18.

Die Exemptionen betreffend, ist der Beleuchter schlimm, und will Widersprüche in der speierischen Antwort entdeckt haben, und zwar da man sonst den Besitzstand des apostolischen Stuhls will geltend haben, so weiß er nicht zusammen zu reimen, wie man in diesen Punkten den Pabst und die Mönche aus dem Besitze der Exemptionen setzen wolle. Allein hiebei gebe ich ihm kürzlich dieses zur Antwort: man solle wie der Eingang des speierischen Antwortschreibens voraussetzt, in der nach Rom zu erlassenden Vorstellung die Misbräuche und Folgen der E=

C 4

rem=

xemptionen bündig schildern, und dann darauf an-
tragen, daß der päbstliche Stuhl dieselbe zurück-
nehme; die Exemptionen sollen ohnehin nur Privi-
legien des päbstlichen Stuhls seyn: daß aber Gna-
denprivilegien von dem Privilegianten aus wichtigen
Ursachen wiederrufen werden können, wissen auch
Anfanger: ein jeder nun, der nicht so seicht oder lei-
denschaftlich denket, als der Beleuchter, würde dieses ohne Erläuterung leicht zusammen gereimet, und
leicht, nicht nur keinen Widerspruch sondern vielmehr
Zusammenhang gefunden haben. Es gefällt ihm auch
das speierische Raisonnement nicht, daß, wenn alle
Verbindung mit auswärtigen Obern aufgehoben werden sollte, hierdurch die Grundverfassung der Orden leiden würde. Es war die Rede von Orden,
die kraft ihrer Einrichtung, Lokal- und Provinzial-
obern, und einen General haben; welche keine Ständigkeit des Orts geloben, sondern vielmehr von einem in das andere Ort, auch nach Befund der Umstände in fremde Provinzen geschickt werden können.
Es sind wenige Diözesen, die auch nur eine mäßige
Provinz von den mehrsten auf diese Art eingerichte-
ten Orden ausmachen würden, die speierische Antwort hat auch die Verbindung mit auswendigen O-
bern, vorzüglich nur in Rücksicht der innern Ordens-
angelegenheiten und Einrichtungen, nicht wollen gänzlich aufgehoben haben. Von wem sollten auch die Pro-
vinzialen in diesem Betref, wenn die Klöster so ver-
schie-

schiedenen Bischöfen untergeben sind, abhangen? wo
sollen diese ihren Sitz auch in Deutschland haben?
wie wird man hierinn die geistliche und weltliche Macht
zu einer Uebereinstimmung bringen? wenn aber auch
noch allgemeine Obere bleiben sollten, wem würde
man endlich diese unterwerfen? diese und auch an=
dere mehrere Schwierigkeiten werden den Beleuchter
hoffentlich zur Genüge überzeugen, daß das speieri=
sche Raisonnement ganz passend gewesen sey. Was
er aber nach seiner pöbelhaften Art mit spöttischen
Ausdrücken vom Kapuzinerschinden sagt, kann nur
aus der Feder eines schmähsüchtigen Beleuchters flie=
ßen. Weiß dieser Mann keine Diözesen, wo man
ansehnliche Kapuzinerobere vertrieben, suspendirt, ja
mit noch schwerern Strafen bedrohet, und also nach
der Sprache des Beleuchters geschunden hat, so daß
ihnen nur in der speierischen Diözes ein Zuflucht=
winkel offen geblieben ist? der Beleuchter verantwor=
te nun alldorten seine niederträchtige Schreibart selbst;
nur zu diesem Ende hat man dieses Beyspiel, nicht
aber um das Verfahren zu tadeln, angeführt.

ad 2. Von den verschiedenen Di= spensationen.

§. 19.

Nachdem der Beleuchter dem Herrn Fürstbischof
andere, aber nur in seinem Hirn entstandene Neben=

absichten

absichten angedichtet hat, so glaubt er hier; es sey gar nur um ein Paar Präbenden zu thun. Es ist bekannt, daß der Herr Fürst für seine Anverwandten niemal eine Präbend gesucht habe, oder noch suchen werde. Jene in den Kollegiatstiftern haben sie vorzüglich nur für die in ihren Diensten stehende, oder sonst verdiente Männer bestimmt: und was haben sie hiebei für eine Privatabsicht? hat der Beleuchter, da er diesen ihn und seine Gedenkungsart entehrenden Einfall niederschrieb, vergessen, daß es in den Embser Punkten mit darauf angesehen ist, in der Folge die Aschaffenburger Konkordaten wiederum zu zernichten, und also das freie Vergebungsrecht in den päbstlichen Monaten den Bischöfen zu verschaffen? und wäre dieses nicht ungleich vortheilhafter, wenn anders bey dem Herrn Fürstbischof das Interesse den Rang für die Gerechtig = und Billigkeit zu behaupten vermögend wäre? soviel das Dispensationsrecht der Bischöfen überhaupt betrift, so beruft er sich wegen den weitern Gründen auf den Febronius, Pereira und andere. Allein alle diese Männer werden umsonst angeführet, da man speierischer Seits die unbegränzte Gewalt der Bischöfe, und also auch das Dispensationsrecht an sich keineswegs in Zweifel gezogen hat: daß aber die unbeschränkte Ausübung gewisse Gränzen haben könne, ist oben schon bemerkt worden, welches also der Beleuchter sich noch einmal kann gesagt seyn lassen:

fen: daß man das Abſtinenzgebot mit Diſpenſa=
tionen von Zeit zu Zeit entkräften, und alſo einiger=
maßen durch Schleichwege aufheben wolle, hielt
der Fürſtbiſchof nicht für räthlich und anſtändig.
Vielweniger aber ſchien ihm wegen verſchiedenen
wichtigen Bedenklichkeiten vorzüglich wegen der Er=
haltung der Gleichförmigkeit thunlich zu ſeyn, ein
uraltes und allgemein in der Kirche angenommenes
Gebot ganz oder zum Theil ohne alle Rückſprache
mit dem Oberhaupt der Kirche abſchaffen zu wollen:
der Herr Fürſtbiſchof trug daher auf eine Milde=
rung an, welche gemeinſchäftlich an den päbſtlichen
Stuhl gebracht, und mit deſſen Einwilligung hernach
einhellig in Vollzug geſetzt werden möchte. Da der
Beleuchter in ſehr wichtigen Gegenſtänden und in
dieſem ſelbſt der heutigen Weichlichkeit ſo ſehr ſchmei=
chelnde Grundſätze äuſſert; ſo iſt es ſehr wunderbar,
daß er auf Faſttägen keine gute Fiſch = Mehlſpeiſen
und Weine auf den Tafeln leiden will, die doch je=
der nach dem Wohlſtand, ſeinem Rang, und Ver=
hältniß einrichten muß. Gefällt dem Beleuchter viel=
leicht hier das nach ſeinem Dünkel überflüßige nicht:
ſo wird er doch zugeben, daß die Gaſtfreyheit lobens=
würdig, und jedem andern eitlen oder gar unan=
ſtändigen Aufwande vorzuziehen ſey. Faſten= und
Fleiſchſpeiſen ohne Urſache zugleich aufſetzen wollen,
iſt nicht zu billigen, man muß aber dieſes jenem zu
verantworten überlaſſen, bei welchem es auf dieſe
Art ohne Unterſchied zu geſchehen pflegt.

Die

Die Dispensationen in Ehesachen belangend, welche noch zu Rom ertheilt werden, so müssen in dem speicrischen Bisthum die Beweggründe und zwar genugsam bescheinigt dem Vikariat vorgelegt, und wenn sie von diesem für hinlänglich gefunden worden, alsdann werden sie erst bekräftiget, und das etwa nachgesuchte Testimonium paupertatis ertheilt. Sollten indessen hierbei noch Mißbräuche unterlaufen, so gedenket man keineswegs dieselbe zu billigen, sondern auf ihre Abschaffung müste allerdings auch angetragen werden.

Warum aber die Dispensationen in den höhern Weihen den Bischöfen sollen überlassen werden, hierüber verbirgt der Beleuchter seine Absichten gar nicht: nemlich daß sie eben hiedurch gemeiner werden möchten, welches die speicrische Antwort zu verhindern gesucht hat.

Wenn nach den Absichten des Beleuchters einem jeden, sobald er mit seinem Stande mißvergnügt wird, Thür und Thor offen ist, in den weltlichen zurückzutretten, so kann man die Geistliche des Beleuchters wahre Amphibien nennen. Diese Halbgeistliche, welche mit einem Fuße in dem Weltstande stehen, mit was für einem Eifer und mit welcher Wärme werden sie sich den schweren Pflichten des Priesterthums widmen? wenn sie sich mit den Einkünften der Kirche gemästet haben, so wird

wohl

wohl das Bestreben der mehrsten seyn, auch die Freuden der Welt zu genießen. Man müßte keine Menschenkenntniß haben, wenn man besonders bei den jetzigen Zeiten, bei der viel freiern Erziehung, bei den überhandnehmenden frechen Grundsätzen, diese Folgen nicht für unausbleiblich halten wollte. Der wankende und mißvergnügte muß sich seine Unzufriedenheit selbst zuschreiben, da er geistliche Mittel genug hat, sie zu heben, und also sich von dem Untergange zu retten. Was nun für Verdienste sich jene Bischöfe um die Kirche machen würden, welche sich den Vorschlag des Beleuchters gefallen lassen wollten, mag ein jeder unbefangener beurtheilen. Man ist versichert, daß fromme und eifrige Bischöfe solche Verdienste von ganzem Herzen verabscheuen.

§. 20.

ad. 3. Die Veränderung der milden Stiftungen betreffend.

Wenn die Menschen alle wären, wie sie seyn sollten, und wenn sie auch so nach Pflichten handelten, so wären freylich viele, den Mißbräuchen vorbeugende Vorschriften unnöthig. Der Beleuchter will, daß die Bischöfe die milde Stiftungen nur in dem Falle abändern sollen und können, wann ihr Endzweck entweder gar nichts mehr nutzet, oder wie An-

fangs

fangs nicht erreicht werden kann; wenn alles dieses
behutsam, klug, gewissenhaft und ohne Nebenabsichten geschehen, und der Stiftungsfond alsdenn
nur zum Besten der Religion, und des gemeinen We-
sens angewendet würde; so könnte man auch hierinn
beistimmen. Eben auf diese Art kann man sagen,
wenn von jenen, welche Kirchengüter verwalten, die
Veräußerung derselben nicht ohne Noth und sicheren
Vortheil geschiehet, wenn hiebei klug, gewissenhaft
und ohne Nebenabsichten verfahren wird, so ist eine
solche Veräußerung nicht nur vor Gott erlaubt, sondern nützlich und allerdings räthlich, und dennoch
haben die Gesetze hiebei so verschiedene wesentliche
Formalitäten erfodert; hievon wären leicht noch
mehrere Beispiele anzuführen, welche aber durch die
Wortkrämerei des Beleuchters eben so leicht wegrai-
sonniret werden könnten. Ist Rom selbst hierinn zu
leicht, und kann man dorten auch in dieser Sache
durch Nebenwink und Interesse mehr ausrichten,
als verantwortlich seyn möchte, welches man der
Behauptung des Beleuchters überläßt, so wird er
doch nicht so unerfahren in der Welt seyn, daß ihm
nicht bekannt seyn müße, wie viel leichter die durch
Nebenblicken und Absichten geleitete Rathgeber bei
einem Bischofe, wenn es in dessen alleiniger Will-
kühr stehet, Abänderungen reicher Stiftungen bewirken können, und werden. Man hat Beyspiele,
daß sich nach Einziehung mehrerer ganz beträchtlicher

Stif=

Stiftungen doch bald wieder Mangel und Abgang eingefunden hat, welche Beutel haben dieselbige wohl nebenher gefüllet? und soll man so etwas immer noch mehr erleichtern?

§. 21.

ad 4. Von den Facultatibus quin- quennalibus.

Der Beleuchter sagt zwar, die speierische Ant- wort wolle, daß die sogenannten Facultates quin- quenales jedem Bischofe auf die Tage seines Lebens ertheilt werden sollten, verschweigt aber, wie man von einem Manne, der seine aufbrausende Leiden- schaft so oft verräth, mit Grund vermuthen kann, ganz absichtlich und also mit geflissener Bosheit, was die speierische Antwort weiters verlanget, nem- lich daß diese Fakultäten auf eine dem bischöflichen Ansehen mehr angemessene Art zu Rom ertheilt wer- den sollten. Jedermann wird leicht ermessen, daß der Sinn hievon sey, wie daß nemlich diese Fakul- täten, wie sie wirklich beschaffen sind, mit dem bi- schöflichen Ansehen nicht genugsam bestehen können, weil in denenselben verschiedene Gegenstände vorkom- men, in welchen die Bischöfe durchaus keine weitere Fakultät bedürfen, diese müssen platterdings weggelas- sen, und dieselbe nur auf solche Gegenstände ein- geschränkt werden, worinn ein päbstliches Reservat anerkannt wird, oder werden sollte. Allein, wenn der

der Beleuchter dieſes hätte bemerken wollen, ſo hätte er eine, wie er ohne Zweifel glaubt, äuſſerſt wichtige Anſpielung auf die Erlaubniß verbotene Bücher zu leſen, und das Venerabile zu den Kranken tragen zu dörfen — in der Feder behalten müſſen.

§. 22.

ad 5. Von den Nunziaturen.

Es iſt falſch, daß Se. hochfürſtl. Gnaden allhier eine Schutz = und Schirmrede für die Nunziaturen halten. Sie ſagen, in ihrer Diözes ſey ſeit ihrer Regierung von den Nunziaturen ihren biſchöflichen Gerechtſamen noch kein Eintrag geſchehen, ſie übten in derſelben gar keine Gattung einer Gerichtbarkeit aus, als in dem Falle eines päbſtlichen Reſervats, wo es für keine Beſchwerde anzuſehen wäre, wenn ein weltlicher Hof dieſes in ſeinen Staaten durch jemanden, dem der päbſil. Stuhl hiezu den Auftrag macht, oder durch einen Nunzius ausüben zu laſſen für ſeine Unterthanen fürträglicher hält. Machen die Nunziaturen anderswo wahre den biſchöflichen Gerechtſamen nachtheilige Eingriffe, ſo billiget ſo etwas die ſpeieriſche Antwort keineswegs. Wenn das Reichsoberhaupt ſeine geſetzliche Stimme ertönen läßt, ſo iſt ein jeder Reichsſtand verpflichtet, derſelben Gehör zu geben: und in dieſem Falle, meint, der Verfaſſer, befinde man ſich hier.

hier. Aber jenes versteht er nicht, oder will es nicht
verstehen, was die speierische Antwort behauptet,
der Fall sey vielmehr so beschaffen, wo schon vor=
handene Reichsgesetze eine authentische und ausdeh=
nende Auslegung erhalten müsten, wodurch alle Gat=
tung einer Gerichtsbarkeit den Nunziaturen nieder=
gelegt werden sollte; ehe dieses durch die Reichs=
gerichte, oder auch das Reichsoberhaupt gesetzmäßig
geschehen könnte, und in einem solchen Falle sey
ein Reichsstand nicht schuldig, eine andere Stimme,
als jene des ganzen Reichs zu hören.   Die Basler
Dekreten gehören zu unsern Konkordaten, und also
auch zu unserer Reichskonstitution, so dachten, so
schrieben Seine fürstliche Gnaden als Domdechant,
und so denken und so schreiben sie noch.   Der Be=
leuchter aber hintergehet geflissentlich das Publikum,
wenn er ihm aufbinden will, daß nur überhaupt das
von ihm angeregte Dekret sess. 31. de causis &
Appellationibus etwas von den nach dem Sinne der
speierischen Antwort gearteten Nuntiaturen sage:
es redet von Nuntiis gar nichts, sondern bestimmet
nur, wie es überhaupt mit den Appellationen ge=
halten werden solle; diese sollen nicht von einem
Zwischenurtheil, sondern nur lediglich von End=
urtheilen können angenommen, und alsdann die Sa=
che in der letzten Instanz einigen Richtern in Deutsch=
land aufgetragen werden.   Wie schief ist es also be=
haupten zu wollen, daß durch dieses Dekret den Nun=

D   ziaturen

giaturen alle Ausübung, auch jene einer freiwilligen
Gerichtsbarkeit, in päbstlichen Reservatfällen benom-
men sey?

Der Beleuchter mag sich drehen, wie er will,
so wird der Satz in der speierischen Antwort, daß
hierinn noch kein deutlich sprechendes Reichsgesetz in
der Mitte liege, immer wahr bleiben: da so etwas
bei dem Widerspruch verschiedener Reichsstände an das
ganze Reich gehöret, so wird der Beleuchter gedul-
dig abwarten, bis die Sache bey dieser hohen Versammlung vorkommen wird, und alsdann wird er
auch erfahren, was der Herr Fürstbischof in diesem Betreffe für eine Meinung hegen. Die Ge-
fahr, in welcher Dieselbe als Domdechant gewesen
seyn sollen, noch was ärgeres zu erfahren, ist wiederum lediglich eine verleumderische Erfindung des
Beleuchters, da bereits oben schon erwiesen worden
ist, daß hier einzig von einem offenbaren Eingriffe
gegen die deutschen Konkordaten, nemlich von einer
Annahme einer Appellation a non definitiva, und
noch überdieß von der ganz ordnungswürdigen Ver-
weisung an die Signaturam gratiæ loco Justitiæ
der Fall gewesen, und auch in der Hauptsache die
boshafte und äusserst falsche Aufbürdungen, so hand-
greiflich widerlegt worden, daß am Ende bei einem
jeden Richter der herrlichste Sieg, wenn die Sache
nicht wäre verglichen worden, Sr. hochfürstl. Gnaden hätte müssen zu Theil werden.

§. 23.

§. 23.

ad 6. Von der Mehrheit der Präbenden.

Man läßt hier gern einen Unbefangenen urthei=
len, ob nicht in dem Falle, wenn die Ausübung
des Dispensationsgewalts nach der Meinung der Emb=
ser Punkten so sehr vervielfältiget werden sollte, nach
dem Laufe der Dinge, welche der Beleuchter nicht
abändern wird, nach den unendlich mehr hier ein=
tretten müssenden Rücksichten, Verhältnissen, Ab=
sichten, Verbindungen, Vortheilen die Mißbräuche
der Pluralität der Präbenden nicht noch mehr erwei=
tert, oder wenigst durchaus nicht mehr, als jetzt,
eingeschränket werden würde. Die gar zu große
Leichtigkeit zu Rom und andere hierinn obwaltende
Mißbräuche hat die speierische Antwort bereits miß=
billiget: wenn nur diesfalls triftige Vorstellungen
geschehen sollten, wenn die Bitten nicht zur Erfül=
lung gebracht würden, als nachdem die Bischöfe die
Causales untersucht, und wahr befunden, wenn diese
hiernächst ohne Rücksicht der Personen ihr Amt ver=
richten, unrichtige oder Scheinursachen herzhaft ver=
werfen, erschlichene Bullen nicht annehmen wollen,
wenn hierinn alle Berufungen abgeschnitten, und
also Weitläufigkeiten, in welche die bestgemeinte Bi=
schöfe hiedurch mußten verwickelt werden, verhindert
sind; so wird sicher dieser Mißbrauch, von welchem

so

so viel geschrien, und gegen welchen so wenig Hand
an das Werk gelegt wird, wo nicht ganz ausge=
rottet, vielfältig vermindert werden.

§. 24.

ad 7. Von den precibus eligibilitatis.

Den Beleuchter will, es gar nicht behagen,
was die speierische Antwort von den Precibus eli-
gilibillitatis sagt. Ist er vielleicht hiemit besonders
betroffen? Uibrigens hat gedachte Antwort nicht ge=
läugnet, daß es außerordentliche Fälle geben könne:
wo ein solches Breve Platz haben möge. Daß aber
überhaupt die Mehrheit der Bisthümer noch mehr,
als jene der Präbenden, dem Geiste der Kirchen=
fatzungen entgegen sey, wird der Beleuchter im Ern=
ste nicht mißkennen wollen, wenn er nicht etwa die
Unverschämtheit so weit zu treiben fähig ist, die
Sonne am hellen Mittage wegzuläugnen. Eine
Folge hievon ist, daß jenes (es seye NB. oft recht
sehr räthlich für manches Bisthum, wenn es
zugleich einen Erzbischof zum Vorsteher habe)
nur von einem Mann, wie der Beleuchter ist, be=
hauptet werden könne; auch die neuesten gewiß frei=
müthig denkende Schriftsteller, als der Herr von Sar=
tori, in seiner Antwort auf die Aufgabe des Frei=
herrn von Bibra, setzt mit unter die Hauptquellen
des

des Verfalls manchen Landes, die Mehrheit der Bisthümer, oder Fürstenthümer und Präbenden. Umstände, die der Beleuchter angiebt, mögen es hier und da räthlich machen, aber so oft wie der Beleuchter will, ist und bleibt es eine Behauptung, die wahrhaft keine weitere Widerlegung verdienet. Er wird übrigens die Welt nicht so blenden, daß sie nicht einsehe, wie sehr bei der Verbindung eines Bisthums mit einem Erzbisthum, zu dessen Provinz es gehört, das bischöfliche Vikariat dem Erzbischöflichen untergeordnet werde, was für Rücksicht es auf selbiges machen müsse, und was für einen Einfluß hier die erzbischöfliche Grundsätze haben. Der Beleuchter nimmt es sehr übel auf, was von der Beförderung der Geschäften in der speierischen Antwort gesagt wird: der gute Mann wird aber doch nicht die Natur der Sachen ändern wollen: er wird doch die oft weite Entfernung des Bisthums von dem Hofe des Erzbischofs nicht abändern können, und hieraus wird doch nothwendig auch ohne Verschulden eine Verzögerung enstehen müssen. Es ist also ein hartnäckiger Irrbegrif bei ihm, mithin freche Beleidigung, wenn er dem Herrn Fürstbischofen zu Speier aufbürdet, derselbe hätte irgend Jemand hiedurch ein Kapitel lesen wollen. Wenn man aber auf eben die unverschämte Art des Beleuchters verfahren wollte, so könnte man sagen: es ist doch noch ein ungleich größerer Abstand zwischen einem

Er=

Erzbischof und dem Oberhaupt der Kirche, als zwischen einem Bischof und Erzbischof: dem Oberhaupt
der ganzen Kirche ein Kapitel lesen, kann oder
können nur (nach der Sprache des Beleuchters) der
oder die — —

§. 25.

ad 8. Von den Probsteien in Deutschland.

Was der Herr Reinfeld von den Probsteien in
Deutschland sagt, hat seinen sichern Grund: unterdessen wird aber derselbe selbst so billig seyn, und
nicht mißkennen, daß auch noch mehrere Einwendun-
gen hiegegen können gemacht werden. Die angesehen-
sten Kanonisten Deutschlands haben zugegeben, daß
in Rücksicht einzelner, welche ihre Rechte nicht genugsam gewahret, eine Verjährung statt haben könne.
Wenn Souveraine Nationen mit einander Verträge
und Friedensschlüsse machen, haben sie gegen einander sichere Verbindlichkeiten und Reciproquen Rechte: so lang diese Verträge bestehen, können auch diese
nicht geschmälert werden: die Nationen als solche
betrachtet, müssen selbige unbeeinträchtiget erhalten:
auch einzelne können aus denenselben sichere Vortheile
und Rechte sich zueignen, ob aber diese einzelne wenigstens sich, aus Nachläßigkeit, Nichtgebrauche,
Verabsäumung, freiwilliger, ausdrücklicher oder still-
schweigender Entsagung, und noch mehrere Arten nicht
präjudiciren können, bleibt noch immer eine Frage,

welche

welche mehreren Bedenklichkeiten ausgesetzt: und in diesem Betracht sagt die speierische Antwort, daß der Besitz gegen eigenmächtige Thathandlungen gelten müsse, wenn man nicht zu unübersehlichen Verwirrungen in der Welt Gelegenheit geben wollte. Wenn man nun in dem unterstellten Falle noch sich hinzudenkt, daß selbst der Text der Konkordaten einen doppelten Sinn annehme, daß die authentische Auslegung, gleich andern Verträgen von beyden paciscirenden Theilen geschehen müsse; so wird ein billig denkender ganz angemessen finden, daß die speierische Antwort hier mit den berühmtesten Kanonisten Deutschlandes auf einen Mittelweg angetragen habe.

§. 26.

ad 9. Von den Statuten der deutschen Stifter.

Das Testimonium idoneitatis betreffend, hat der Herr Fürstbischof gesagt, und hier sagen müssen, was der Wahrheit gemäß war. Nur gallsüchtige Verleumder können sich mit den ihnen eigenthümlich niederträchtigen Ausdrücken darüber aufhalten. Den neuern Fall betreffend, von welchem der Beleuchter Anregungen macht, muß man ihm sagen, daß hiebei solche Umstände mit untergelaufen, die eine wahre Beschwerde beseitigen. Was Se. hochfürstliche Gnaden von den Statuten der deutschen

D 4

Stief=

Stifter sagen, ist die Sprache des allgemeinen Rechts, Sr. kaiserl. Majestät und der Reichsgerichte, aller auf ihre Gerechtsame aufmerksamen Bischöfen und Landesherren, und kann nur von einem partheyischen oder kurzsichtigen Beleuchter mißkennt werden.

Hierinn können also nur feindseligen Augen, welchen alles entstellt vorkommen muß, einen Groll entdecken. Aber die Kapitel könnten doch auch hierinn auf eine Verjährung und den Besitzstand sich berufen, und wenn man dieses nicht zugeben wollte, so findet der Beleuchter hierinn einen solchen Kontrast, dessen kaum Menschen Kinder fähig seyen. Wie schlimm doch dieses Männchen ist, oder seyn will, wenn es auf Entdeckung von Widersprüchen ankömmt! wie unglücklich er aber hierinn sey, ist bereits oben gezeigt worden. Verjährung erfodert nothwendig den Besitz, dieser aber unterstellt augenfällig eine Fähigkeit, etwas zu besitzen, wie die ersten Anfänger des Rechtsstudiums wissen. Meint nun der Beleuchter, die Kapitel wären des Besitzes fähig, durch ihre Statuten anhöhrungswürdige Mißbräuche einzuführen, oder zu begünstigen, zu dem Ende ältere gültige Statuten willkührlich abzuändern, oder gar landesherrliche und bischöfliche Gerechtsame anzutasten, und zu schmälern? Meint er es, so ist mit einem so schief denkenden Manne kein Wort mehr zu verbrechen: meint er es nicht, so sage er sich selbst, wie un-

unglücklich und wie lächerlich er von dem so hoch
aufgepußten Kontrast geträumet habe.

§. 27.

ad 10. Von der Klausel in temporalibus
und den Annaten.

Jene Gewalt, welche die Bischöfe in Rück-
ficht der milden Stiftungen in fremden Landesbe-
zirken haben, fließt aus der bischöflichen Macht.
Daß dieselbe der deutschen Reichsverfassung und der
Observanz gemäß sey, wird der Beleuchter selbst nicht
läugnen. Er muß also entweder den ganzen Styl
der päbstlichen Konfirmationsbullen, worinn von der
Uebertragung der bischöflichen Gerichtsbarkeit die Rede ist, umändern, oder es bleibt auf der andern
Seite richtig, daß diese so erläuterte Klausel: *in
temporalibus* eben auch unverfänglich sey. Der
Mann verdient also hier wegen seines Lachens, welches ohne Ursache nur gewissen Leuten eigen ist,
wahres Mitleiden. Daß die Annaten wegen der in
der speierischen Antwort vorgeschlagenen **Retaxation**
ewig bleiben müssen, oder werden, ist ein sehr un-
zeitiger Ausspruch des Beleuchters. Da durch eben
die Konkordaten der römische Hof sich zu dieser **Re-**
taxation anheischig gemacht hat, da er sie also vi
pacti schuldig ist, da die deutschen Kirchen ein stren-
ges Recht hierzu haben; so wird wohl der Erfolg

ziemlich

ziemlich sicher seyn, wenn mit Ernst darauf gedrun=
gen wird. Sollte es gegen alles Verhoffen nicht zu
erwirken seyn, so ist oben bereits angemerkt wor=
den, daß die speierische Antwort alsdann andere
zweckmäßige und sachdienliche Mittel nicht ausschließe.
Wenn der Herr Fürstbischof keine solche Mittel will
eingeschlagen wissen, welche zur Vergrößerung der
Herren Erzbischöfen, und also zur Verkleinerung der
Bischöfen abzwecken, so handelt er nach aller gesun=
den Kirchen = Staatsklugheit, und kann sich schmei=
cheln, daß alle andere Bischöfe eben so denken wer=
den. Wie erschallt dann der Namen Pabst in den
Ohren so vieler Scribler? könnte man hier nicht
auch die faule Anmerkung des Beleuchters mit eben
seinen Worten brauchen, so energisch drukt er,
„ Konsorten und — — sich immer aus, wenn
„ nur von weitem etwas zu Gunsten, des römischen
„ Hofes gesagt wird: also eine fest bestimmte Ab=
„ neigung gegen den römischen Stuhl. Man sieht
„ hier offenbar, daß der kanonische Gehorsam, den
„ die Herren Erzbischöfe dem Kirchenoberhaupt aus
„ göttlichem Rechte, die Bischöfe aber jenen aus
„ einer menschlichen Einsetzung (so weit sie noch
„ geltend ist) schuldig sind, und den sie sich so oft
„ verdienstlich machen könnten, ihnen ganz uner=
„ träglich sey, daß sie sich hinauf zu schwingen, und
„ unabhängig zu machen suchen. Wahre Uebertre=
„ tung des vierten Gebots nach der allgemeinen rich=
tigen

„ tigen Auslegung der Theologen. “ Lauter Worte
des Beleuchters, die man sich nicht eigen machen,
sondern hierdurch nur das unschickliche und unüber-
leg:e Raisonnement dem unpartheyischen Publikum
vorlegen will.

§. 28.

ad 11. Von den Appellationen.

Wahren Eingriffen der römischen Kurie ohne
Rückhalt vorzubeugen, wird immer das vorzüglichste
Augenmerk Sr. hochfürstl. Gnaden seyn. Das
neueste Beyspiel von Fuld ist bereits vorhin angeführt worden: auch hat man bereits mehrmal gesagt, daß die römischen Schritte bei dem Prozeß,
den sie als Domdechant führten, offenbar auf der
blatten Hand liegende und gar keiner Beschönigung
oder Entschuldigung empfängliche Vorgänge gewesen sind, welchen auch kein Besitzstand oder Verjährung zur Seite stund. Auf die nämliche freimü-
thige Art hat die speierische Antwort die Beschwerde gegen das Vikariat zu Mainz jedoch nur im allgemeinen vor Augen gelegt: will der Beleuchter etwa, daß dieses nur gegen Rom, nicht aber gegen
andere geschehe? Eben gegen die höchsten Reichsgerichte, welche der Beleuchter hier anführt, hat man
schon in so vielen Rekursen, selbst zu Mainz in der
Schwarzacher Sache gesagt, daß sie den landesherr-
lich

lichen und auch bischöflichen in dem Reichssystem ge-
gründeten Gerechtsamen zu nahe getretten seyen,
(an dem Ausdruck wird doch nichts gelegen seyn,
sonst kann der Beleuchter einen gleichgültigen andern
brauchen.) Es wird also doch erlaubt seyn, auch
gegen eine Vikariatsstelle so etwas sagen zu dörfen.
Man will hier diese Rekurse und ihren Innhalt ohne
Ausnahme nicht in Schutz nehmen. Will aber der
Beleuchter etwa behaupten; sie seyen alle schon dadurch hinfällig, und enthielten nichts, als ein leeres Vorgeben, seyen auch nur von daher entstanden, weil man die Appallanten nicht platterdings
zurückgewiesen, die Prozesse abgeschlagen, oder nach
dem Eigendünkel der fürst- oder kurfürstlichen Re-
gierungen und Reichsständen gesprochen habe, so
ist es freche Beleidigung für so manchen hohen und
höchsten Rekurrenten!, will er dieses nicht, so sind
seine Anspielungen offenbar leeres Gewäsch. Eben
diese Reichsgerichte haben gewiß öfters zu Gunsten
manchen Reichsstandes, auch unter andern vor Mainz
gesprochen, und dieselbe haben hiedurch unpartheyische, schnelle und nachdrückliche Gerechtigkeit gelei-
stet: konnten sie dessentwegen nicht Ursach haben,
in andern Fällen sich zu beschweren? Der Beleuchter wende nun dieses selbst auf das Mainzer Vikariat an, und hierdurch wird er sich von seinem Miß-
muth von selbst erholen können. In der speierischen
Antwort ist überhaupt angemerkt worden, daß wenn

die

die Frage di- oder in direkte von einem in dem Um=
fang der hierarchischen Gewalt, welche selbst in den
Embserpunkten als unumschränkt angegeben wird,
erhaltenen besonderen Rechte sey, oder dorthin sich
auflöse, man dem erzbischöflichen Vikariat nicht zu=
gestehen könne, durch Verfügungen, oder auch in
Gestalt eines Urtheils die bischöfliche Gewalt ent=
weder zu zernichten, oder doch einzuschränken. Man
kan dem römischen Hofe nicht zugeben, daß er durch
Bullen, Breven, Reservationen, Dekreten, Reso=
lutionen 2c. so etwas thun könne, und eben so
wird es auch kein Bischof einem erzbischöflichen Vi=
kariat anheim stellen wollen, oder können. In dem
Violetten Talar = Prozeß sowohl, als andern hat vor=
züglich diese Beschwerde eingetroffen. So wie man
in der speierischen Antwort noch nichts insbe=
sondere von verschiedenen Fällen hat melden wollen,
also ist auch hier der Platz nicht dazu. Was will
aber der Beleuchter mit dem Gedanken haben, daß
dieser Prozeß doch das Biß= und Fürstenthum nicht
hätte überwiegen sollen, woran eben das Mainzer
Vikariat durch seine Justiz so hohen Antheil habe:
will er etwa dadurch sagen, S. hochfürstl. Gnaden
zu Speier hätten selbst dem Mainzer Vikariat das
Biß= und Fürstenthum zu danken, so weiß man
nicht, was man auf diesen tollen Einfall antwor=
ten solle. Das Hochwürdige Domkapitel hat sich
doch nicht von dem Mainzervikariat in der Wahl

Er.

Sr. hochfürstl. Gnaden bestimmen lassen? Nicht die
gedachte Gerichtsstelle, sondern die erkannte Irrfüh=
rung und Falschheit der vorherigen Beschuldiguugen
hat das hochwürdige Domkapitel bewogen, nach
den oben bereits angeführten Worten des Vergleichs
selbst von dem Prozesse abzustehen, und die Einig=
keit herzustellen. Die Summa appellabilis zu
Mainz, wenn sie festgesetzt seyn sollte, muß doch
äußerst gering seyn, indem man Beispiele hat, daß
in einer Schuldsache, die nur 40. fl. betroffen hat,
sogar die Appellation angenommen worden ist. Man
muß also sehr an dem Angeben des Beleuchters
zweifeln.

§. 29.

ad 12. Von dem Synodalgerichte.

Die dem zu errichtenden Synodalgericht ent=
gegen gesetzte Schwierigkeiten scheinen dem Beleuch=
ter von keiner Erheblichkeit zu seyn. In einigen
Punkten welche die erzbischöflichen Beisitzer, den Ort,
wo es errichtet werden solle, belangen, ist er zur
Nachgiebigkeit oder freundschaftlicher Uebereinkunft
geneigt: über andere mehr bedenkliche schweigt er
oder hüpft leicht darüber hinaus. Der Erzbischof,
nachdem schon in seinem Namen in der zweiten Instanz
ist gesprochen worden, müste gar keinen Einfluß mehr
über dieses Synodalgericht haben; und dieses wird
wohl

wohl nicht wollen zugeſtanden werden. Von der Miteinwilligung der Landesherren auch proteſtantiſchen, und von den von dieſer Seite zu beſorgenden Bedenklichkeiten, iſt der Beleuchter ſtill. Die Erfahrung aber, wenn die Sache bei denſelben zur Sprache kommen ſollte, würde wohl ſicher lehren, was die ſpeieriſche Antwort vermuthet hat. Daß die Basler Dekreten zu unſern Konkordaten gehören, hat die ſpeieriſche Antwort nach Mainz eben ſo, wie einſtens Seine fürſtliche Gnaden als Dombechant behauptet, und ſo ſtandhaft gedenket man auch es ferner zu behaupten. Daß aber durch dieſes zu errichtende Synodalgericht in denenſelben, und alſo auch in den Konkordaten ſelbſt nichts würde geändert werden, iſt falſch. Gedachte Dekreten überlaſſen es dem päbſtlichen Stuhle den Richtern in partibus den Auftrag dahin zu machen, daß von ihnen als päbſtlichen Delegaten die Sache in der lezten Inſtanz entſchieden werde. Dieſes päbſtliche Recht müſte gänzlich aufhören, wenn das Synodalgericht nach dem Vorſchlag der Embſer Punkten zu Stande kommen ſollte, ja es würde hier eine wahre Umänderung der Konkordaten mit unterlaufen, welches ohne Theilnahme aller paciſcirenden Theilen nicht geſchehen kann.

Daß der Embſer Kongreß die Aufhebung der Aſchaffenburger Konkordaten in der Folge bezweckte, liegt

liegt hell am Tage, und auf diesen Fall hat die
speierische Antwort gesagt, müste man bischöflicher
Seits überdenken, ob die den Bischöfen zurückge=
stellten päbstlichen Monate die wieder eintreten fol=
lende erzbischöfliche Rechte aufwiegen, oder nicht. Die=
fes nennt der Beleuchter Vermuthung und Aufbür=
dung, um den Embser Kongreß verdächtig, und die
Bischöfe schüchtern zu machen. Wie mag doch der
Mann die Unverschämheit in einer Sache, wo seine
Verdrehung so leicht aufzudecken ist, so gar weit
treiben? von dem wieder hervorgesuchten Konsekra=
tionsrechte liegen schon deutliche Spuren in den Emb=
ser Punkten selbst: und wenn die Aschaffenburger
Konkordaten zernichtet werden sollten, als von wel=
chem Fall die speierische Antwort redet, so liegt es
ja am Tage, daß nicht nur dieses Konsekrations=
sondern auch das Konfirmationsrecht den Herren
Erzbischöfen wiederum zufallen müste: kann nun je=
mand so etwas blose Vermuthung und Aufbürdung
tiennen, wenn er nicht so geartet, wie der Beleuch=
ter ist? hierüber hat sich nun die speierische Antwort
noch nicht bestimmt erklärt, da es aber einzig das
Intresse der Bischöfe betrift, so wird doch bei jedem,
der einen gesunden Menschenverstand hat, ausser
Zweifel seyn, daß auch alsdann die Bischöfe wer=
den überlegen müssen, was ihnen, ihrer Würde
und Ansehen am vorträglichsten seyn möchte.

Wo

Wo liegt hier nur die geringste Spur eines
Unpatriotismus, einer Leidenschaft oder Eigennutzes, als in dem Gehirn eines Beleuchters? daß übrigens die Herren Erzbischöfe zur Aufrechthaltung ihrer Ordinariatsgerechtsamen Seine kaiserliche Majestät anrufen können, hat niemand auch nur im
Traume in Zweifel ziehen wollen. Diese stammen
in so weit sie Bischöfe sind, eben auch wie jene der
übrigen Bischöfen, aus dem göttlichen Recht her:
daß man die erz= und bischöflichen Rechte auch in einer Person nicht vermengen müsse, und zwar erstere
nicht über die letztere, welche göttlichen Ursprungs
sind, so ganz prädominiren lasse, hiezu haben die
Embser Punkten selbst Gelegenheit gegeben; ich muste es also nochmals bemerken, und wenn dem Beleuchter diese Erinnerung nicht behaglich ist, so muß
er solche gedachten Punkten zuschreiben.

So viel habe ich den Bemerkungen der vorläufigen Beleuchtung entgegen setzen wollen. Vollständig sind dieselbe nicht, es war aber auch der
Zweck nicht, und ein so gallsüchtiger und dabey in
der Hauptsache so seichter Scribler verdiente es auch
nicht: denn er hat nicht gesucht, das speierische
Antwortschreiben mit stichhaltenden Gründen zu be-
leuchten, sondern er wollte nur eine vielleicht schon
langgewünschte Gelegenheit ergreifen, seinen gegen
die Person des Herrn Fürstbischofs zu Speier tie-

E   gewur=

gewurzelten Groll auszulassen. Unterdessen habe ich
genug gesagt, einen Verdreher, Verleumder, Lüg-
ner und unverschämten Pasquillanten nach Ver-
dienst zu brandmarken, und dem angeblichen Beleuchter seinen Wind aus dem Kopf, so sehr er sich
auch mit seiner ganzen Complot auf sein Heimat
stützt, zu vertreiben. Dieses ist anjetzo die einzige
Absicht, und diese hoffe ich bei Unpartheyischen erreicht zu haben: Partheyische können ohnedem nicht
in Betrachtung kommen. Uebrigens so gern ich geneigt bin Gründe zu hören, zu prüfen, und wenn
sie überwiegend scheinen, auch ihnen lauten Beifall
zu geben, so wenig werde ich in der Zukunft derlei
Chartequenschreiber, welche ihre Stärke hauptsächlich
in verleumderischen, lügenhaften, persönlichen, pöbelhaften und niederträchtigen Ausdrücken und Inn-
zichten setzen, mit der geringsten Antwort würdigen,
nein! ich werde sie durch Stillschweigen und Verachtung demüthigen, weil ich zum voraus überzeugt
bin, daß ausser den bisherigen Schriften: histori-
sche Bemerkungen über das sogenannte Resultat,
des Embser Kongresses samt einer Beleuchtung über die köllnische Nunziatursache in der
Woche nach septuagesim. Frankfurt und Leipzig 1787. Drei Kapitel über die historischen
Bemerkungen des Resultats an den Verfasser
der Bemerkungen. Frankfurt und Leipz. 1787.
Beiträge zur Verbesserung der Kirchenpolizei

in

in Deutſchland in drei Theilen. Frankfurt u.
Leipzig 1787. , worinn der Beleuchter und ſein gan-
zer Anhang viele ſehr bittere Wahrheiten finden können, noch viele andere gegen die Embſer Punkten
erſcheinen werden. Bei dem Schluß dieſer Beiträge zur Verbeſſerung der Kirchenpolizei in
Deutſchland Seite 317 = 318 = und 319. kann der
Beleuchter ein ſehr wohlgetroffenes Gemälde von den
vier erzbiſchöflichen Herren Deputirten und Punkta-
toren, aber auch ein Meiſterſtück von dem Bild des
Herrn Fürſtbiſchofs zu Speier, welches der Beleuchter mit ſeinem neidigen und groben Pinſel durch-
ſtreichen wollte, antreffen.

E 2   A.

A.

Auszug des am kaiserlichen Reichskammergericht den 18ten Mai 1781. publicirten Urtels in entschiedener Sachen Abten, Priorn und Konventualen des Gotteshauses Schwarzach am Rhein, Impetranten eines, wider Herrn Friedrich Marggrafen zu Baaden, und die fürstlich baadische Commissarios Impetraten andern = letztlich Herrn Friedrich Carl Joseph Kurfürsten zu Mainz Intervenienten, dritten Theils, **Mandati de restituendo Abbatem.**

Passus Concernent.

Dann versiehet man sich nochmalen zu interventischem Herrn Kurfürsten zu Mainz, daß derselbe seinem erzbischöflichen Vikariat alles weitere Verfahren wider den Abten und Religiosen zu Schwarzach, sonderlich aber alles dahier ohnehin ganz unzuläßige excommuniciren oder sonstiges censuriren, selbsten alles Ernstes verweisen, und inhibiren, auch über die ihrem eigenen vorhin beschlossenen Visitationsrezeß widersprechende, mithin in summum villipendium authoritatis cæsareæ nachgeschobene Entsetzung des Abten um so gewisser zur Verantwortung ziehen werde, als widrigenfalls gegen dasselbe wegen schnöder Verachtung aller kaiserlichen Verboten sogleich mit würklicher Verdam-

mung

mung in geschärft fiscalische Strafe, auch sonstigen
in den Reichssatzungen wider solchen schädlichen
Mißbrauch der geistlichen Gewalt bestimmten empfind-
lichen Zwangsmitteln unnachsichtlich verfahren werden solle. ꝛc. ꝛc.

B.

Auszug des am kaiserlichen Reichskammergericht
den 20ten Juni 1781. publicirten Urtels in
entschiedener Sachen Abten, Priorn und
Konventualen des Gotteshauses Schwarzach
am Rhein, Impetranten eines = wider Herrn
Karl Friedrich Marggrafen zu Baaden und
die fürstlich=baadlsche Commissarios, Impetraten andern = letztlich Herrn Friedrich Carl
Joseph, Kurfürsten zu Mainz, Intervenienten dritten Theils, Mandati de restituendo
Abbatem &c. &c.

Passus Concernens.

Was demnächst die von Doctor von Sachs gemachte Anzeige betrift, ist die, von demselben ge-
betene Relaxation des seinen Principalen von erz-
bischöflich mainzischer Commißion abgenommenen Eides jedoch nur ad effectum loquendi et agendi,
und in soweit derselbe auf die anmaßliche Verfügungen in temporalibus einen wesentlichen Bezug hat,
und seine Principalen sich darunter gravirt erachten,

E 3   hiemit

hiemit erkannt, daß von gedachtem mainzischen Vi-
cariat aber untxrm 31. menſ. præt. anmaßlich erkannte weitere Decretum und Citation ad viden-
dum declararl ſe incidiſſe in poenam Cap. 4. de
immunitate Eccleſiar. in 610. als null und nichtig
caßiret, demſelben auch dieſes ſein der ganzen weltlichen Gerichtsbarkeit höchſt nachtheiliges = und dieſes höchſten Reichsgerichts Würde und Ehre äuſſerſt
beleidigendes, dem §. 165. R.K.M. gerad entgegen laufendes Verfahren nicht nur alles Ernſtes
verwieſen, ſondern auch daſſelbe mit Vorbehalt der
bereits vorhin erkannten fiscaliſchen Klage ſogleich
in die bereits comminirte auf zwanzig Mark löthi-
gen Goldes ermäßigte fiscaliſche Strafe binnen 4.
Wochen ſub poenis dupli et realis Executionis
zu entrichten, hiemit fällig ertheilet. Sodann ver-
ſrehet man ſich zu dem Herrn ordinario Fürſtbiſchofen zu Straßburg, daß derſelbe denen an ihn erlaſſenen Reichsgeſetzwidrigen Vermahnungen kein Gehör geben, ſondern vielmehr ſeinen reichsſtändiſchen
Pflichten gemäß circa temporalia des Kloſters und
deren Verwaltung keine andere als kaiſerliche Verfügungen anerkennen, in ſpiritualibus aber vor
der Hand zumalen pendente appellatione ad curiam romanam, und bis dieſem kaiſerlichen Kam-
mergerichte die Urſachen der vermeintlichen Abtent-
ſetzung gebührend vorgeleget worden, keinen weite-
ren executiviſchen Metropolitanverfügungen ſtatt geben,

ben, sondern vielmehr sämmtliche von ihm selbsten in visitatione Episcopali unschuldig befundene Impetranten bis zu ausgemachter Sache wider alle weitere Zudringlichkeiten seinen geistlichen Schutz kräftigst angedeihen lassen ꝛc. ꝛc.

Nun soll noch die Hauptbeilage folgen, allein damit sich hierdurch jeder Leser von der Wahrheit der aufgestellten Geschichte, zugleich aber auch von der Falschheit des jenseitigen Faktums und von der getreuen Uebersetzung vollkommen überzeugen könne, habe ich allerdings für gut gefunden, auf der linken Seite das lateinische Original, und auf der rechten Seite die deutsche Uebersetzung abdrucken zu lassen; denn würde ich das lateinische Original allein hingesetzt haben, so hätte mancher deutscher Bidermann solches wegen Mangel der Sprache nicht verstanden, und würde ich die deutsche Uebersetzung allein angehängt haben; so hätte der Beleuchter vielleicht eine andere Kritik gemacht, die ich ihm hierdurch ersparen will.

E 4   C.

C.

Emmericus Jofephus Dei gratia S. Sedis Moguntinæ Archi - Epifcopus. S. R. I. per Germaniam Archi-
Cancellarius, Princeps Elector, &c.

Ad perpetuam rei memoriam. A quo tempore
inter Capitulum Cathedrale fpirenfe ex una, ejusdemque Decanum Comitem de Limburg - Styrum ex altera
partibus exorta gravis difcordia in Judicio noftro me-
tropolitico fuit ventilaba; nos inter primas numera-
vimus curas, qua ratione damnofa hæc fopire litigia,
conciliare animos, et Ecclefiam Cathedralem fpiren-
fem ab ulteriori difpendio liberare poffemus.

Cœlo etiam votis noftris obfecundante factum eft,
ut partes litigantes ambæ noftra fub autoritate firmam
inter fe inire concordiam enixe flagitaverint, cumque
infuper acceffiffent crebriores Dilectionis fuæ Domini
Cardinalis Eppi fpirenfis litteræ eundem in finem ad
nos directæ, manum operi perlubenter admovimus,
Commiffarios felegimus Metropolitanæ noftræ Decanum
Confiliarium intimum L. B. Georgium Adamum de Fechenbach; Stephanum Alexandrum Würdwein B.M V.
ad gradus Decanum et Joannem Georgium Schlör
confiliarios noftros ecclefiafticos, viros ardui hujus
negotii pertractandi bene gnaros, coram quibus, Mandatarii cum LIBERA comparuerunt, ex parte Capituli
Cathedralis fpirenfis Francifc. Ant. Dürr Confiliarius
nofter aulicus, ex parte autem dictæ Cathedralis Decani Joannes Horix judicii noftri Reviforii Confiliarius, qui officio fuo fideliter fuere perfuncti.

(

Poft

T.

Emmerich Joseph von Gottes Gnaden des heil. Stuhls zu Mainz Erzbischof, des heil. römischen Reichs rch Germanien Erzkanzler, Kurfürst, ꝛc.

Zur ewigen Gedächtniß. Nachdem zwischen dem Domkapitel zu Speier einer — und dessen Dechant Grafen von Limburg Stirum anderseits ein schwerer Rechtsstreit entstanden, und an unserm Metropolitan Gerichte verhandelt worden ist; so gieng unsere erste So rgedahin, wie wir diese schädlichen Streitigkeiten beilegen, die Gemüther vereinigen, und die Kathedralkirche zu Speir von fernerm Schaden befreien möchten.

Der Himmel begünstigte auch unsern Wunsch, daß beide streitende Parthepen durch unser Zuthun einen dauerhaften Vergleich miteinander zu treffen sehnlich verlangten; und da die noch öftere von Er. Liebden dem Herrn Kardinal Bischof zu Speier zu diesem Ende an uns erlassene Schreiben hinzukamen; so legten wir ganz gern Hand an das Werk, ernannten Kommissarien den Dechant unserer Metropolitankirche und geheimden Rath Freiherrn Georg Adam von Fechenbach, unsere geistliche Räthe Stephan Alexander Würdwein Dechant zu unser l. Fr. Joh. S. Schlör, Männer, die dieses wichtige Geschäft zu behandlen wohl kundig wären, vor welchen die Bevollmächtigten mit uneingeschränkter Gewalt erschienen, von Seiten des Domkapitels zu Speier unser Hofrath Franz Anton Dürr, von Seiten besagten Domdechant aber unser Revisionsrath Johann Horix, welche ihre Stelle treulich vertraten.

E 5

Nach

Poſt varias collationes multas et maturas deliberationes ſtudió et dexteritate Commiſſariorum directas res eo tandem perducta fuit, ut mandatarii inierint concordiam hujus, qui ſequitur, tenoris:

Art. I.

Rev. Cap. Cath. Spirenſe æque ac Rev. D. S. R. I. Comes de Limburg Styrum Decanus Cathedralis ibidem renuntiant omni liti, Proceſſui et Recurſui, cujuscunque nominis intuitu Cauſæ hactenus inter ſe ventilatæ, firmiter ſibi invicem promittentes, ſe articulis et punctis in præſenti Concordia comprehenſis nec in minimo contraventuros, ſed omni contradictione utcunque eveniente non attenta cuncta hæc pactata et Stipulata, fideliter eſſe obſervaturos.

Art. II.

Sit perpetua utrinque amneſtia et oblivio omnium eorum, quæ ante, in, et poſt exortam litem ab una, vel altera parte nunc tranſigente contra alteram, ſive in Capitulo, ſive extra Capitulum, ſive judicialiter, ſive extrajudicialiter concluſa, dicta, ſcripta, aut alias ſuſcepta, vel geſta ſunt, ſed reſtituatur, ac reſtituta conſervetur, utraque parte omni Conſilio et ope ſibi invicem adminiculante vera et ſincera inter utramque partem tranquillitas, amicitia et concordia ad divini Numinis gloriam, Eccleſiæ Cathedralis ſpirenſis bonum et incrementum.

Art. III.

Nach verschiedenen Konferenzen, vielen und reifen Berathschlagungen, welche durch Fleiß und Geschicklichkeit der Kommissarien dirigirt wurden, kam endlich die Sache dahin, daß die Bevollmächtigte einen Vergleich trafen, welcher lautet, wie folgt:

Art. 1.

Das hochwürdigste Domkapitel zu Speier sowohl, als Se. Hochwürden des heil. R. R. Graf von Limburg Stirum Domdechant daselbst verziehen auf alle Streitigkeit, Prozes und Rekurs, wie es immer heißen mag, in Betref der bisher unter ihnen verhandelten Rechtssache, versprechen sich einander festiglich, den Artikeln und Punkten, welche in gegenwärtigem Vergleiche enthalten sind, nicht im mindesten zuwider zu handeln, sondern alles sich ereignenden Widerspruchs ungeachtet alle diese Verträge und Bedingungen treulich zu beobachten.

Art. 2.

Beiderseits soll eine immerwährende Amnestie und Vergessenheit alles dessen seyn, was vor, in und nach Entstehung des Rechtsstreites von einer oder der andern itzt sich vergleichenden Parthey gegen die andere in- oder aussergerichtlich beschlossen, geredet, geschrieben, oder sonst unternommen worden, oder geschehen ist; sondern es soll zwischen beiden Partheyen, durch beiderseitige mögliche Hilfleistung mit Rath und That, eine wahre und aufrichtige Zufriedenheit, Freundschaft und Eintracht zur Ehre Gottes, zum Besten und zur Aufnahme der Rathedralkirche zu Speier hergestellt werden und verbleiben.

Art. 3.

Art. III.

Rev. D. Decanus in omnia et singula Jura, Emolumenta et Prærogativas, ficut ante exptam litem poffedit, plenarie reftitutus habeatur, et quatenus id nondum factum eft, adhuc reftituatur; omniaque jura, emolumenta et prærogativae perfonæ ejusdem permaneant. Præfentialibus in abfentia quacunque vero, fibi ante hac conceffis R. D. Decanus pro futuro jam renuntiavit, et hifce iterata vice renuntiat, tantum in Cafibus ubi eft juris communis præfentialia impofterum participaturus.

Art. IV.

In hujus conformitatem R. D. Decanus Vicarias vacaturas Stylo, quo antea folitus erat, expediat, Sigilla Capituli ejusdem Cuftodiæ, ficut ante creptam litem fuerant, reftituantur, provifionalia Metropolitica, utpote dantaxat ad tempus durantis litis præfcripta, nunc penitus effent, ratione jurisdictionis vero Status poffeffionis, qui fuit ante cœptam litem, nec non antiqua Ecclefiæ Spirenfis Statuta et obfervantiæ, hifque ceffantibus obfervantia Metropolitanæ Moguntinæ, et jus Canonicum pro norma habeantur.

Art. V.

Art. 3.

Se. Hochwürden Herr Dechant soll in alle und jede Rechte, Vortheile und Vorzüge, wie er sie vor angefangenem Rechtsstreite besaß, als vollkommen eingesetzt geachtet werden, und so ferne dieß noch nicht geschehen ist, noch eingesetzt werden, und alle Rechte, Vortheile und Vorzüge seiner Person sollen ihm verbleiben. Auf die Präsenzeinkünfte aber, welche ihm zuvor bei welch immer einer Abwesenheit zugestanden waren, hat Se. Hochwürden Herr Dechant fürs Künftige schon verziehen, und verzieht hiemit abermal darauf, und will künftig nur in Fällen, wo es dem gemeinen Rechte gemäß ist, an den Präsenzeinkünften Theil nehmen.

Art. 4.

In Gleichförmigkeit dessen, soll Se. Hochw. Herr Dechant die erledizet werdende Vikarien nach Art, wie er es zuvor zu thun pflegte, ausfertigen, die Sigille des Kapitels sollen ihm wieder, wie vor angefangenem Rechtsstreit, in Verwahr gegeben werden, die Provisionalverfügungen des Metropolitangerichtes, als welche nur während des Rechtshandels von demselben getroffen worden, sollen nun gänzlich aufhören, in Betref der Gerichtbarkeit aber soll der Besitzstand, welcher vor angefangenem Rechtstreit war, wie auch die alten Statuten und Herkommen, und in Ermangelung dieser das Herkommen der Mainzer Metropolitankirche und das geistliche Recht zur Richtschnur dienen.

Art. V.

Imputata, quod attinet, cum Rev. Capitulum inductum fuerit varia a R. D. Decano gesta in malam interpretari partem, deinceps vero circumstantiis melius inspectis rem longe aliter se habere, deprehenderit, et ideo declarationes nomine R. D. Decani propositas jam acceptaverit, prout latius in protocollo amicabilis, hinc R. Capitulum ab imputatonibus et incusationibus istis hisce recedit, ac Rev. et Illustr. S. R. I. Comitem de Limburg Styrum, ut honestum, sincerum et boni Ecclesiæ Studiosum Decanum agnoscit et profitetur, simulque contestatur, quod omnem illam, quam ante præsentem litem in eodem R. D. Decano posuerat fiduciam, nunc quoque sincero affectu foveat, nec ulla ratione dubitet, quin R. D. Decanus futuris quoque temporibus pro bono Ecclesiæ suam sit exhibiturus solicitudinem ac Zelum laudabilem sit monstraturus.

Art. VI.

Octo millia florenorum, quæ Revmum. Capitulum e testamentaria Executoria Spirensi Eminentissimi Electoris Trevirensis piissi. Mem. ad procurandas reparationes ab eodem Eminentissimo omissas R. D. Decano concesserat, hic vero anno 1760. ad Archivium deposuerat, nunc officio Fabricæ exsolvantur; lis desuper in imperiali Camera contra hæredes prædicti Eminentissimi pendens ad Exitum urgeatur, interim Ecclesiæ

Art. 5.

Was die Beschuldigungen belangt, da das Hochw. Domkapitel verleitet ward, verschiedenes, was von Sr. Hochwürden Herrn Dechant geschehen ist, übel auszulegen, nachgehends aber, als es die Umstände besser eingesehen hatte, fand, daß sich die Sache ganz anders verhalte, und daher die von Sr. Hochwürden Herrn Dechant vorgelegten Erklärungen schon angenommen hat, wie in dem Vergleichsprotoll mit mehreren zu ersehen; so gehet das Hochwürdigste Kapitel von diesen Aufbürdungen und Beschuldigungen hiemit ab, und erkennt und bekennet den Hochwürdigsten und Erlauchtesten des H. R. R. Grafen von Limburg Stirum, als einen ehrlichen, redlichen und für das Beste der Kirche besorgten Dechant, betheuert zugleich, daß es all jenes Vertrauen, welches dasselbige vor angefangenem Rechtsstreite auf benannte Se. Hochwürden Herrn Dechant gesetzt hatte, auch itzt aufrichtig hege, auch keineswegs zweifle, daß Se. Hochwürden Herr Dechant auch in zukünftigen Zeiten seine Sorgfalt für das Beste der Kirche verwenden, und seinen löblichen Eifer zeigen werde.

Art. 6.

Die acht tausend Gulden, welche das Hochwürdigste Kapitel von der speierischen Exekutorie Sr. Eminenz des Kurfürsten zu Trier Höchstsel. Andenkens, zur Besorgung der von Sr. Eminenz unterlassenen Reparazionen Sr. Hochwürden Herrn Dechant überlassen, dieser aber im Jahre 1760. in dem Archiv hinterlegt hatte, sollen nun dem Fabrikamt ausgezahlet werden; der Prozeß, welcher hier an dem kaiserl. und Reichskammergericht gegen die Erben vorbesagter Sr. Eminenz hängt, soll zum Ausgange betrieben werden;

clefiæ et reparationes iftæ a R. D. Decano in flatu quo
conferventur, cafu quo, quo una vel altera ejusmodi
Ecclefiarum, vel ædificiorum inevitabiliter ante di-
ctam finitam litem exftrui, vel notabiliter reparari de-
beret, tunc pecunia ad id neceſſaria pro duabus Ter-
tiis e prædicta Executoria ad officium Fabricæ delata
et pro una Tertia a R. D. Decano (falvo tamen re-
greſſu contra partem in Camera imperiali fuccumben-
tem) fuppeditetur.

Art. VII.

Ratione Expenfarum, Sumptuum et damnorum v
fententiæ metropliticæ R. D. Decano refundende-
rum cum R. D. Decanus ultra 20000 florenorum a fe
liquidari, et juravero ad conteftandum fuum pacis et
concormento firmari poffe affeveraverit, ex poft die
confraternæ amorem decem millibus fefe contentum
fore declaraverit; Revmum Capitulum hifce promittit,
decem millia florenorum in fpeciebus majoribus aureis
vel argenteis fecundum normam monetalem modo in
terris imperii vigentem, qua viginti quatuor floreni
Marcam argenti efficiunt R. Dno Decano intra duos
menfes a tempore initæ hujus concordiæ computandos
præftare; præterea fumptus apud Curiam Metropoli-
cam Moguntinam folvendos privative et fine concur-
rentia R. D. Decani in fe fufcipere, ac quotam illam,
quæ præfentis litis intuitu e rata oblegiali ac Cellera-
riæ Ill. Dno Decano decerpta fuerant: huic refundere;

praeter

werden; unterdessen sollen die Kirchen und diese Reparaa
tionen von Sr. Hochw. Herrn Dechant in dem bisheria
gen Stande erhalten werden; im Falle, wo eine oder
die andere dieser Kirchen oder Gebäude unvermeidlich
vor Ausgang besagten Prozesses gebauet oder merklich
repariret werden müßte; dann soll das dazu nöthige
Geld um zwei Dittel vom dem aus besagter Exekutorie
an das Fabrikamt übergebenen, und um ein Dittel
von Sr. Hochwürden Herrn Dechant (jedoch mit Vor=
behalt des Regresses gegen den bei dem kaiserlichen und
Reichskammergericht verlierenden Theil) hergegeben
werden.

Art. 7.

In Betref der Auslagen, Köften und Schäden,
welche Kraft des Metropolitansspruchs Sr. Hochwüra
den Herrn Dechant zu ersetzen sind, da Seine Hoch=
würden Herr Dechant versichert hat, daß er über
20000 fl. liquidiren, und eidlich bestättigen könne, hier=
auf aber erklärt hat, daß er zum Beweis seiner Liebe
zum Frieden und zur mitbrüderlichen Eintracht sich mit
10000 fl. wolle begnügen; so verspricht das Hochwüra
dige Kapitel hiemit 10000 fl. in größeren Gold= oder
Silbersorten, nach dem in den Reichslanden dermalen
gängigen Münzfuße, nach welchem 24 fl. eine Mark
Silber ausmachen, Sr. Hochwürden Herrn Dechant inner=
halb zweyer Monate von der Zeit dieses geschlossenen Ver=
gleichs an, zu zahlen; benebens die bei dem Metropo=
litangerichte zu Mainz zu bezahlenden Köften für sich und
ohne Beitrag Sr. Hochwürden des Herrn Domdechants
auf sich zu nehmen, und jenen Theil, welcher wegen
gegenwärtigem Rechtshändel von dem Antheile der Obe

F   legien

præter modo ſtipulata vero neutra pars ab altera damnorum, expenſarum, aut alterius prætenſionis ob-
tentu quidquam intuitu Cauſæ hujus impoſterum exi-
gere valeat.

Art. VIIK

R. D. Decanus intuitu illorum, qui huic amica-
bili forſan accedere detrectabunt, omnem actionem
ac quævis Competentia per expreſſum reſervat.

Art. IX.

Ut hæc Concordia eo firmius ſtabiliatur, ac utrinque eo ſanctius ſervetur, Eminentiſſimus Dnus Metro-
politanus pro ejus confirmatione et in ſe ſuſcipienda
executione ac conſervatione ab utraque parte tranſigente ſubmiſſiſſime imploretur.

Art. X.

Quód ſi vero citra Exſpectationem quædam par-
tium tranſigentium compoſitioni præſenti contraveni-
ret, vel promiſſis ſuis non ſtaret, in talem caſum par-
ti gravatæ competat jus partem gravantem mediante
proceſſu executivo ad implendam obligationem ſuam
coram Eminentiſſimo Dno Metropolitano, ubi cauſa
principalis hactenus pendebat, adigere: ubi vero
circa

legien und Kellerei dem Erlauchteſten Herrn Dechant war
entzogen worden, dieſem zu vergüten; nebſt dem aber,
was hier bedungen, ſoll keine von den Partheyen von
der andern unter Vorwand der Beſchädigungen, Aus=
lagen, oder einer andern Foderung in Betref dieſes
Rechtshandels künftig etwas zu fodern befugt ſeyn.

Art. 8.

Se. Hochwürden Herr Dechant behält ſich in An=
ſehung derer, welche etwa dieſem Vergleiche beizutret=
ten ſich weigern, alle Rechtsklage, und jede ihm zu=
ſtehende Rechte ausdrücklich vor.

Art. 9.

Damit dieſer Vergleich deſto ſtärker befeſtiget, und
beiderſeits deſto heiliger beobachtet werde, ſo ſoll Se.
Eminenz der Herr Metropolit um deſſen Beſtättigung,
auf ſich zu nehmende Exekuzion und Aufrechthaltung
von beiden vergleichenden Partheyen unterthänigſt gebe=
ten werden.

Art. 10.

Sollte aber wieder Erwartung einer von beiden ver=
gleichenden Theile wider dieſen gegenwärtigen Vergleich
handeln, oder ſein Verſprechen nicht halten, auf ſolchen
Fall ſoll dem beſchwerten Theile das Recht zuſtehen,
den beſchwerenden Theil mittels eines exekutiviſchen
Prozeſſes zur Erfüllung ſeiner Verbindlichkeit vor Se.
Eminenz dem Herrn Metropoliten, wo der Hauptprozeß
bisher

circa præfentem transactionem, aut circa unum alterum-
ve ejus articulum dubium quoddam emergerėt, de
quo partes amicabiliter inter fe non conveniirent,
tunc Eminentiffimi Dni Metropolitani declaratio 'ac
determinatio talis dubii ab utraque parte prius fuffi-
cienter expofiti exfpectetur, hæc vero obtenta perinde,
ac fi ipfa talis declaratio et determinatio præfenti Concordiæ verbotenus inferta, et corporali Juramento fir-
mata effet, ab utraque parte obfervetur. Acta hæc
funt et concordata, Moguntiæ die 13. Januarii anno
1767.

(L.S.) *Francif Ant. Dürr*, Jur. D. Eminentiffimi et Celfiffimi Principis Electoris
Mog. Confiliarius aulicus et Regiminis
actualis ejusdemque in univerfitate Mo-
guntina Juris public. et hiftoriarum Profeffor public. et ordinarius.

(L.S.) *Joannes Horiz J. U. D.* et Sacri
pal. Cæf. Comes, Eminentiffimi ac Celfiffimi Principis Electoris Mog. Jüd. re-
vif. Confiliarius actualis, ejusdemque in
univerf. Mog. Juris Profeffor public.
et ordinarius.

Cum autem fæpe dicti Mandatarii fuplices orave-
rint, at articulos amicabilis nobis humillime exhibitos
pro firmiore eorundem fubfiftentia et obfervantia ex-
actiore auctoritate noftra metropolitica confirmaremus.

Nos

bisher hieng, zu zwingen, wenn aber über einen und den andern Artikel ein Zweifel entstehen sollte, worüber die Partheyen sich nicht in der Güte miteinander verstünden; so soll Se. Eminenz des Herrn Metropoliten Erklärung und Bestimmung dieses Zweifels, nachdem er von beiden Partheyen hinlänglich vorgelegt worden, erwartet, nach Erhaltung derselben aber, soll diese Erklärung und Bestimmung eben so, als wenn sie dem gegenwärtigen Vergleiche dem Worte nach eingerücket, und mit einem körperlichen Eide bestättiget wäre, von beiden Partheyen beobachtet werden.

So verhandelt und verglichen Mainz den 13. Jänner im Jahr 1767.

(L.S.) Franz Anton Dürr, der Rechten Doctor, Sr. Eminenz des Kurfürsten zu Mainz wirklicher Hof und Regierungsrath, und an der Mainzer Universität des Staatsrechtes und der Geschichte öffentlicher und ordentlicher Lehrer.

(L.S.) Johann Horix, beider Rechte Doktor, kaiserl. Hof-Pfalzgraf Sr. Eminenz des Kurfürsten zu Mainz wirklicher Revisionsrath, und an der Mainzer Universität öffentlicher und ordentlicher Lehrer der Rechte.

D4

Nos paci et tranquillitati Ecclefiæ Cathedralis Spirenfis ejusdemque perfonis propenfius intendentes, articulos amicabilis fupra fatos ompes et fingulos auto- ritate noftra metropolitica approbamus et confirma- mus, illosque volumus ab omnibus firmiter et invio- labiliter obfervari.

Horum omnium autem executionem, conferva- itionem ac dubiorum, fi quæ emergerent, determi- nationem nobis refervamus. Datum Moguntiæ in arce S. Martini anno Incarnationis Millefimo feptin- gentefimo Sexagefimo feptimo die decima octava Ja- nuarii.

(L.S.) **Emmericus Jofephus Archi- Epifcopus et Elector,**

Da aber soft sbenannte Bevollmächtigte demüthigst
bathen, daß wir die uns demüthigst vorgelegten Arti=
kel des Vergleiches zu ihrer dauerhaften Ständigkeit und
genauer Beobachtung durch unser Metropolitisches An=
sehen bestättigten; so genehmigen und bestättigen wir,
die wir für den Frieden und die Ruhe der Kathedral=
kirche zu Speier und ihrer Glieder geneigt und bedacht
sind, durch unser Metropolitisches Ansehen alle und je=
de obbenannte Artikel des Vergleichs, und wollen, daß
sie von allen vest und unverbrüchlich beobachtet werden.

Die Exekuzion aber, Aufrechthaltung und Be=
stimmung der etwa vorfallenden Zweifel behalten wir
uns vor.

Gegeben zu Mainz in der St. Martinusburg im
Jahre des Heils, tausend siebenhundert, sieben und
sechzig, den achtzehnten Tag Jänners.

**(L.S.) Emmerich Joseph, Erzbischof
und Kurfürst.**